인프라스트럭처 자동화 프레임워크

Chef Solo 입문

NYUMON Chef Solo - Infrastructure as Code

by Naoya Ito

인프라스트럭처 자동화 프레임워크

Chef Solo입문

초판 1쇄 발행 2014년 2월 21일

지은이 이토 나오야
옮긴이 박상욱
펴낸이 장성두
펴낸곳 제이펍

출판신고 2009년 11월 10일 제406-2009-000087호
주소 경기도 파주시 문발로 141 뮤즈빌딩 403호
전화 070 – 8201 – 9010 / 팩스 02 – 6280 – 0405
홈페이지 www.jpub.kr / 이메일 jeipub@gmail.com

편집부 이민숙, 이 슬, 이주원 / 소통·기획팀 현지환 / 본문디자인 북아이 / 표지디자인 미디어픽스
용지 신승지류유통 / 인쇄 해외정판사 / 제본 광우제책사

ISBN 978-89-94506-89-0 (93000)
값 17,000원

제이펍은 독자 여러분의 책에 관한 아이디어와 원고 투고를 기다리고 있습니다. 책으로 펴내고자 하는 아이디어나 원고가 있으신 분께서는
책에 대한 간단한 개요와 차례, 구성과 제(역)자 약력 등을 메일로 보내주세요. (보내실 곳: jeipub@gmail.com)

인프라스트럭처 자동화 프레임워크

Chef Solo 입문

이토 나오야 지음 | 박상욱 옮김

Jpub
제이펍

차례

요즘 가상화 및 클라우드의 보급에 따라 서버를 줄이거나 늘리는 작업은 그렇게 어려운 작업이 아니다. 예를 들어, AWS를 사용하여 몇십 대의 서버를 늘리려고 할 때는 단 몇 분의 시간밖에 소요되지 않는다. 그래서 사용자의 증가로 시스템 전체에 부하가 발생하게 되어 서버를 늘려야 하는 상황이 발생하더라도 서버 자체에 대한 준비는 이런 이유에서 바로 할 수 있게 되었다.

그러나 어떤 경우에는 서버는 준비되었으나 각 서버의 설정을 별도로 해줘야 하는 상황을 많이 보게 된다. 서버의 대수가 적은 환경이라면 엔지니어가 각 서버에 접속하여 설정을 한 후 실제 서비스에 적용해도 문제가 발생하지 않겠지만, 수백 대 혹은 수천 대의 대규모 서비스에서 이렇게 작업하게 되면 서비스의 연속성은 물론이고 수작업으로 인한 설정 실수가 발생할 가능성이 높아진다.

역자 또한 인프라 엔지니어로서 한정된 자원으로 많은 서버를 정해진 시간 안에 구축하는 업무를 하고 있는데, 설정 실수가 서비스 장애로 이어져 고생한 경험이 많다. 일반적으로, 관리 대상 서버가 늘어나는 것에 비례하여 엔지니어가 충원되는 경우는 별로 없는 것 같다. 그래서 최근에는 서버 구축 자동화에 이어 애플리케이션과 미들웨어 등의 설정을 자동화할 수 있는 Chef(셰프)와 같은 툴이 주목받고 있다.

국내에서도 클라우드 사업자 및 대규모 포털 업체에서 대규모 시스템 운용을 위해 Chef를 적용하여 사용하는 것으로 알고 있으며, 이 책에서도 소개되었지만 페이스북과 같은 상상 이상의 대규모 시스템에서도 사용하고 있다. 그리고 앞으로도 계속 이런 자동화 툴은 진화할 것이고, 자동화에 대한 요구 또한 늘어날 것으로 예상한다. 그러나 막상 사용해 보려고 해도 아직 국내에는 Chef에 대한 정보가 많지 않은 것이 현실이다.

Chef에 관한 책은 국내에서 처음 출판되는 것으로 알고 있다. 따라서 인프라 엔지니어라면 꼭 한 번 이 책을 읽고 Chef를 이용하여 더 빠르고 효율적인 시스템 관리를 할 수 있기를 바란다.

감사의 글

저의 세 번째 출간을 위해 수고해 주신 많은 분께 정말 감사의 마음을 전하고 싶다. 먼저, 매번 부족한 저에게 번역의 기회를 주시고 항상 조언을 주시는 제이펍 출판사의 장성두 실장님에게 감사의 말씀을 드리고 싶다. 그리고 언제나 꼼꼼한 편집을 해주시는 김수미 님께도 감사의 말씀을 전하고 싶다. 마지막으로, 언제나 바쁜 남편을 위해 응원을 해주는 아내와 언제나 아빠를 찾는 딸 지민이에게도 이 자리를 빌려 사랑한다는 말을 전하고 싶다.

옮긴이 **박상욱**

머리말

최근 클라우드의 본격적인 보급이 이루어지면서 서버 관리 자동화에 주목하고 있다. Chef(셰프, 이하 Chef)는 그 자동화 툴/프레임워크 중 하나다. 많은 이들이 Chef에 주목하고 있지만, Chef에 관해 어느 정도 정리된 정보가 많이 부족한 게 현실이다. 또한, Chef는 실제로 같은 종류의 툴과 비교하여 간단하고 알기 쉽게 되어 있지만, 공식 문서가 너무 어렵게 만들어져 있어서 기본적으로 사용하기 위해서는 어디까지 알아야 하는지 감을 잡을 수 없다. 이런 부분이 필자의 개인적인 Chef에 대한 인상이다.

그래서 초보자도 사용할 수 있는 Chef 단독형 버전인 Chef Solo(셰프 솔로, 이하 Chef Solo)의 기본적인 내용에 초점을 맞춰 집필한 책이 이 책이다. 기본적인 내용에 초점을 맞추기는 했지만, 필자가 매월 수만 명의 사용자가 이용하는 웹 사이트 관리 경험을 바탕으로 집필했기 때문에 여기서 알게 되는 지식을 충분히 응용할 수 있을 것이다.

실제 책을 읽으면서 실습할 수 있도록 테스트 환경 구축 방법에 대해서도 설명하고 있다. 부디 이 책을 통해 Chef Solo를 잘 다루고 나아가 즐겼으면 하는 바람이다.

지은이 **이토 나오야**

이 책의 집필 기준

아래의 기준에 맞춰 이 책을 집필하였음을 밝힌다.

- 적당한 시간에 독파할 수 있도록 페이지 수를 조절하였다.
- Chef Solo로 기본적인 서버 관리를 조작할 수 있도록 하였다.
- 읽기에 편하도록 하나의 주제를 블로그 포스트 하나 정도의 분량으로 구성하였다.
- 책의 구성은 나중에 참고하기 쉽도록 차례에서 보듯이 실제 사례를 기반으로 하였다.

시스템 환경

필자의 시스템 환경은 다음과 같다.

- 작업 환경: OSX 10.8.2
- 서버: Amazon EC2 + CentOS 6.3
- Chef 11.4.0
- knife-solo 0.3.0(github 버전)

피드백

이 책에 관한 피드백은 아래로 문의하기 바란다.

- 저자 트위터: @naoya_ito
- 저자 이메일: i.naoya@gmail.com
- 역자 이메일: polo149278@hotmail.com
- 제이펍 이메일: jeipub@gmail.com

덧붙이자면, Chef에 대한 기타 기술지원은 하지 않고 있다. 그런 문의에 대해서는 답변을 하지 않으므로 이해하길 바란다.

Chef란
무엇인가?

·

개요

Infrastructure as Code

Chef는 서버 설정이나 갱신을 자동화하는 툴이다. 더 자세하게 말하면, '서버 환경의 메타데이터를 관리하고 노드의 역할·상태를 조정하는 운영 프레임워크'다.

서버 설정 관리를 하고 있다면 누구나 한 번은 서버 구성 변경에 대한 '설정 메뉴얼'을 써 봤을 것으로 생각한다. 먼저, IP 주소를 설정하고 사용자를 생성한다. 그리고 nginx(엔진엑스)를 rpm으로 설치하고 mysql도 설치한 후에 LDAP 설정 등을 작업한다. 이 내용을 로컬에 메모하거나 wiki 등에 남긴다. 그리고 설정 매뉴얼을 그룹웨어 등으로 다른 개발자와 공유하고 하루하루 이런 구성 변경에 대응하는 것이 일과인 사람도 적지 않을 것이다.

설정 매뉴얼로 되어 있다면 대부분 일상적인 작업일 것이다. 그럼에도 서버 증설이나 구성 변경을 매번 수동으로 실행해 왔다. 아무리 생각해도 비효율적이고 작업 실수의 원인이 될 수 있다.

Chef는 그 설정 매뉴얼에 쓰여 있는 모든 작업을 자동화하고, 한번 코드로 작성해 두면 다음은 전부 컴퓨터에게 맡길 수 있는 프레임워크를 제공한다.

Chef에서는 '설정 매뉴얼 코드'를 Ruby로 작성한다. 예를 들어, nginx를 설치하고 가동하고 싶다면 다음과 같이 작성하고 호스트에서 Chef를 실행한다.

```
package "nginx" do
  action :install
end

service "nginx" do
  supports :status => true, :restart => true, :reload => true
  action [ :enable, :start ]
end
```

Redhat(레드햇) 계열은 yum 리포지터리에서, Debian(데비안)이라면 apt에서, OSX(오에스텐)이라면 homebrew 등에서 패키지를 찾아 설치하고 init 스크립트를 수정한다. 이와 같은 작업을 모두 Chef가 해준다.

이와 같은 코드를 '레시피'라고 부른다. 레시피는 Ruby로 되어 있어 Emacs(이맥스)나 vim(빔) 또는 Sublime Text(서브라임 텍스트) 등 원하는 에디터로 편집할 수 있다.

mysql도, redis(레디스)도, memcached(멤캐시드)도 모든 패키지와 서버의 상태에 대해 레시피를 준비함으로써 관리를 자동화할 수 있다.

만들어진 레시피는 Git에 커밋(commit)하여 버전 관리를 한다. GitHub 등으로 동료와 공유하면, '코드로 된 서버 상태'를 모든 사람과 함께 공유하면서 논의할 수도 있다.

Emacs나 vim을 사용해 Ruby로 코드를 만든 후 그 파일을 Git에 올려 둔다. 이후 과정은 Chef에게 맡겨둔다. 어떤 방법이든 사람의 손으로 설정해야만 했던 서버나 인프라를 Chef를 이용하면, 애플리케이션 코드를 쓰는 것과 같이 코드를 통해 설정을 자동화할 수 있다.

인프라가 소프트웨어의 일부 부품이 된 것 같다. "Infrastructure as Code"의 시대가 온 것이다.

'서버의 상태' 관리

Chef는 설정 매뉴얼을 코드를 이용하여 자동화하는 툴이라고 말했지만, 보다 정확하게 말하면 '서버의 상태를 관리하고 일관성 있게 유지하기 위한 프레임워크'다.

예를 들어, 서버를 서버가 가동한 초기 상태부터 모두 Chef로 관리하는 것을 상상해 보자. nginx를 설치하고, mysql을 설치하고, 네트워크 설정을 변경하는 레시피를 하나하나 작성해 보면, 그 레시피 그룹이 그 서버의 상태 그대로를 표현하는 코드가 될 것이다.

이렇게 작성된 레시피 그룹은 서버의 현재 상태, 즉 메타데이터를 표현한 코드다. 서버에 그 레시피를 적용하면 관리자인 우리가 '이렇게 설정해야 한다'고 정의한 상태로 서버 구성이 변한다.

정의한 '설정 상태' 레시피와 실제 서버가 다른 상태라면 Chef를 동작시켜 레시피를 적용한다. 그러면 그 서버는 정의된 '설정 상태(State)로 조정(Convergence)'한다. '소프트웨어의 설치나 서버의 설정 변경을 자동화한다'라는 것이 Chef 기능에 대한 쉬운 설명이지만, 보다 정확하게 말한다면 '서버의 상태를 관리하고 그것을 정의한 설정 상태로 조정하는 프레임워크'다.

여기까지 좀 재미없는 이야기를 했지만, 일단 Chef에 대해서는 '서버 설정을 자동화하는 툴' 정도로 생각해 두자. 직접 조작하면서 익숙해지면 자연스럽게 본질적인 개념을 알게 될 것이다.

Chef는 어렵다?

이제 Ruby로 코드를 작성하면 자동화되는 것은 알았다. Chef의 사상도 어느 정도 분위기는 파악되었다. 그러나 Ruby를 잘 모른다든가 코드를 정확히 작성하는 데 자신이 없는 사람도 있을 것이다.

'괜찮다, 문제없다.'

이렇게 말하고 있는 필자도 Ruby는 평소에 많이 사용하지 않고, 지금까지도 Ruby on Rails(루비온레일즈)에 대해서는 전혀 알지 못한다. 그래도 어려움 없이 레시피를 잘 작성하고 있다.

Ruby를 작성하고 있다고 말해도 package(패키지)나 template(템플릿)과 같은 DSL(Domain-Specific Language)을 사용할 뿐이다. 그리고 루프나 배열 조작에 대해 알고 있다면 'OK!'라고 하는 것이 그 이유다. Ruby를 정말 자세하게 알 필요는 없다.

CFEngine, Puppet, Chef

이 분야의 툴은 Chef만 있는 것은 아니다. CFEngine(CF엔진) 또는 Puppet(퍼핏) 등도 있다. 특히, Chef와 비교되는 Puppet은 널리 사용되고 있고, 사례 또한 충분하다.

Puppet과 Chef 어느 쪽을 선택할지가 판단이 안 설 때가 많을 것이다. 우열은 없다고 생각한다. Chef가 Puppet보다 알기 쉽다고 이야기들을 하지만, 알기 쉽다는 것만으로 좋고 나쁨을 판단할 수는 없을 것이다.

Chef가 나중에 나왔고 더 정교하다는 이유로 최근에는 Chef가 더 많이 회자되고 있는 것은 사실이다.

이 책에서는 제목과 같이 Chef에 관해 상세하게 안내하겠지만, 만약 관심이 있다면 Chef에 대해 어느 정도 학습이 되었다면 Puppet을 공부해도 좋을 것이다. 그리고 이런 툴이 Chef만이 아닌 다른 여러 툴도 있다는 것도 기억해 두길 바란다.

Chef 사용법

그럼, Chef는 실제로 어디에서 사용하고 있을까?

유명한 곳이라고 하면 역시 페이스북(Facebook)이다. 페이스북은 데이터센터 내부를 자동차나 스쿠터로 이동해야 한다는, 정말 거짓말 같은 이야기가 있는데, 그건 아마도 수만 대에서 수백만 대 규모의 서버를 Chef로 관리하고 있다는 말일 것이다. 정말 대단하다. Chef를 개발하고 있는 옵스코드(Opscode)에서도 페이스북에서 다양한 피드백을 받아 Chef를 개선하고 있다.

최근에 들은 소식에 의하면, Amazon EC2로 10,000대의 인스턴스를 순간적으로 가동하여 대규모 계산을 하고 작업이 끝나면 인스턴스를 삭제한다는 프로젝트가 성공하였고, 거기에 Chef가 사용되고 있다고 한다.

2013년 2월에 Amazon Web Service(이하 AWS)에서 'AWS OpsWorks'라는 서비스가 시작되었다. AWS OpsWorks는 AWS에서의 각종 서비스를 GUI로 설정하면 여러 대의 서버로 구성된 시스템을 간단히 가동시킬 수 있는 서비스이며, 여기서도 Chef가 사용되고 있다.

대규모 시스템 이야기가 되었지만, 필자는 세 대 규모로 구성되는 웹 서비스에 Chef를 사용하고 있다. 또한, 서버가 한 대만 있는 환경에도 Chef를 사용하고 있다. 예를 들어, 대상 서버가 소규모에서도 인프라를 코드로 작성할 수 있다는 이점은 정말 큰 즐거움이며, Chef 없는 서버 관리는 생각하기도 싫다. 절대 과장된 이야기가 아니다.

OSX의 개발환경을 Chef로 상태 관리를 함으로써 장비 교체 시 발생하는 귀찮은 작업을 없앨 수 있으며, 또는 개발에 사용할 각종 툴 버전을 맞추는 용도로 사용하고 있는 사람도 있다.

개인의 개발환경에서 수백 대의 서버 관리까지를 Chef로 할 수 있는 것이다.

Chef Server와 Chef Solo

Chef라고 한 단어로 되어 있지만, 크게 두 가지 이용 형태를 가지고 있다.

하나는 Chef Server + Chef Client라는 클라이언트/서버 모델로서 대규모 환경을 관리하는 것과, 또 하나는 서버 관리가 필요 없는 단독 명령어로 Chef를 실행하는 Chef Solo다. Chef Solo는 Chef Server + Chef Client의 일부라고 생각하면 된다. (참고로, Chef Server에는 옵스코드가 SaaS로 제공하고 있는 'Hosted Chef'라는 유료 버전과 오픈 소스로 제공되는 무료 버전이 있다.)

Chef Server에서는 Chef Client가 HTTPS로 Chef Server에서 필요한 정보를 GET 한다. 그래서 서버에 등록된 설정 정보를 클라이언트가 받아 실행하는 PULL 형식의 아키텍처를 가지고 있다. 즉, 시스템 관리자는 Chef Server에 명령을 던지게 되면, 그 아래에 있는 모든 클라이언트의 상태 관리가 이루어지는 것이다. 확장성 있는 아키텍처인 것이다.

그런데 부담 없이 테스트가 가능하지는 않을 것 같다. 필자와 같이 몇 대의 서버만을 대상으로 할 때나 개발자 대상으로 한 대 정도의 서버에서 사용하기에는 조금 부담스럽다. 그래서 이런 작은 규모에서 사용되는 것이 단독형 버전인 Chef Solo다.

Chef Solo는 서버도 클라이언트도 필요 없으며, 단지 명령어로 실행된다. 이 명령어에 파라미터로 레시피 등을 적용하여 실행하면 된다.

Chef Server와 Chef Solo는 레시피를 작성하는 방법은 같고, Chef Solo로 습득한 개념이나 작성한 레시피는 Chef Server로 이전해도 그대로 사용할 수 있다.

구성에 따라서는 Chef Solo로도 비교적 규모가 큰 시스템 관리도 가능한 것 같고, PaaS 회사로 유명한 엔진 야드(Engine Yard)는 백엔드 단에서 Chef Solo를 사용하고 있다고 들었다.

그러나 역시 시스템 확장성은 물론, 업무 프로세스 확장성의 관점에서 보더라도 어느 정도 규모 이상에서는 Chef Solo의 도입을 검토해야 한다고 생각한다.

이 책에서는 Chef에 익숙해지는 것을 중점을 두고 있으므로 먼저 Chef Solo를 설명해 나가겠다.

표준 Resource의 사용 방법만 안다면 OK!

필자가 이 책을 쓰려고 생각한 한 가지 이유이기도 하지만, Chef는 비교적 간단하고 알기 쉬운 툴이면서도 학습을 위한 시간이 제법 필요한 건 사실이다.

그 이유 중 하나는 Cookbook, Resource, Attribute, Data Bags, Role, Environment, Provider, LWRP…… 등 Chef의 여러 독자적인 개념이 존재하기 때문이다. 공식 문서에는 모든 항목에 대해 정확하게 쓰여 있긴 하지만, 일단 먼저 사용해 보고 싶을 때 어떤 것을 어디까지 알아야 하는지 파악하기가 힘들다.

실제로, 필자와 같이 소규모 환경에서 사용하는 방법은 Chef Solo의 실행 방법과 표준으로 제공된 Resource만 알면 문제는 없었다. '조금 더 이런 것을 하고 싶은' 마음이 들 때는 구글에서 검색하여 필요한 다른 개념을 공부하면 된다. 물론, 보다 강력한 레시피를 작성하고 싶을 때는 각각의 개념도 이해하고 사용할 필요가 있다. 그러나 기초적인 부분만을 사용한다면 다른 개념들은 나중에 찾아봐도 된다.

학습 시간이 길어지는 것을 막고, '일단, 레시피를 작성하고 Chef를 조작하여 관리가 가능'한 수준에 빠른 시간에 도달할 수 있게 하는 것이 이 책의 목적이다. 앞부분에는 Chef Solo의 실행 방법, Resource의 사용 방법을 중점으로 설명하고, 어느 정도 학습이 끝난 상태에서 다른 개념들에 대해 천천히 접근할 수 있도록 구성하였다.

그럼, 서론은 여기까지 하고 서둘러 Hello, World!부터 시작해 보자.

Chef
Solo 설치

·

Hello Chef!

그럼, 본격적으로 Chef Solo를 다뤄 보겠다. 여기서는 Chef Solo를 설치하고 Hello, World!를 실행해 본다. 그 후에 패키지 설치를 테스트할 것이다. 또한, Chef 실행 시 중요한 개념인 멱등성(idempotence, 冪等性)에 대해서도 설명한다. 참고로, 멱등성은 여러 번 실행해도 결과가 달라지지 않는 성질을 말한다.

레시피 문법의 세부사항은 뒤에서 상세하게 설명하므로 여기서는 'Chef Solo 실행까지의 순서가 어떻게 되는지'만 확인하며 읽기 바란다.

또, Hello, World!를 하고 싶어도 Chef의 테스트 환경을 준비할 수 없는 독자도 일단은 읽어 보길 바란다. 뒤의 #4에서 Chef의 테스트 환경에 적당한 툴인 Vagrant(베이그런트)를 소개할 것이다.

Chef 설치

Chef 설치는 간단하다. 옵스코드가 제공하고 있는, Chef 배포에 편리한 스크립트인 Omnibus Chef Packaging을 사용하기만 하면 된다.

```
$ curl -L http://www.opscode.com/chef/install.sh | sudo bash
```

이것으로 설치는 끝이다. 여기서는 AWS의 EC2 인스턴스, OS는 Amazon Linux를 이용하여 설치했지만 문제는 없었다.

Chef는 RubyGems에서 gem 패키지로도 배포하고 있어서 아래와 같이 설치할 수도 있다.

```
$ gem install chef
```

rvm이나 rbenv를 이용하고 싶을 때 사용해도 좋을 것이다.

리포지터리(키친), 쿡북, 레시피

Chef에서는 '코드화된 설정 매뉴얼' 또는 '서버 상태'를 레시피(Recipe)라고 부른다고 했고, 아래의 두 가지 정도도 함께 기억해 두길 바란다.

파일에 대한 디렉터리나 클래스에 대한 네임스페이스와 같이 특정 레시피에 필요한 데이터나 파일을 모아 둔 '쿡북(Cookbook)'이라고 부르는 저장 공간이 있다.

그리고 쿡북 그룹을 포함한, Chef 실행에 필요한 일련의 파일을 모아 둔 저장 공간을 '리포지터리(Repository)' 또는 '키친(Kitchen)'이라고 부른다. 이 책에서는 리포지터리라고 부르겠다.

정리하자면, Chef에서는 다음과 같은 계층 형태로 레시피 그룹이 관리되고 있는 것이다.

• 리포지터리 〉 쿡북 〉 레시피

리포지터리 생성

위와 같은 이유로, Chef로 무언가를 시작하고 싶을 때는 먼저 리포지터리를 만든다. 여기서는 옵스코드가 github에 공개되어 있는 리포지터리를 사용할 것이다.

```
$ git clone git://github.com/opscode/chef-repo.git
```

리포지터리는 특정 시스템에 하나 정도 존재하는 단위다. 예를 들어, 전혀 다른 두 개의 시스템 A와 B가 있다고 하고, A와 B에 리포지터리는 하나만 존재하면 된다. A를 위해 두 개의 Chef 리포지터리를 만들지는 않는다.

또, 이 작업은 #5에서 소개할 knife-solo를 대신하여 사용할 수 있어서 옵스코드의 리포지터리를 사용하는 것은 이번뿐이다.

knife 명령어로 쿡북 생성

리포지터리를 생성한 후에는 쿡북을 만든다.

Chef를 설치하면 knife라는 리포지터리를 조작하기 위한 툴이 설치된다. 쿡북은 knife 명령어를 사용하여 만든다.

knife로 쿡북을 만들기 전에 먼저 knife 초기 설정을 한다.

```
$ knife configure
```

여러 가지 질문 항목이 표시되지만, 모두 기본 설정으로 해도 문제없다. 초기화가 끝나면 ~/.chef/knife.rb에 knife 설정 파일이 저장된다.

위 작업이 끝나면 knife를 사용하여 쿡북을 만들자.

```
$ cd chef-repo
$ knife cookbook create hello -o cookbooks
```

cookbooks 디렉터리 내에 hello라는 쿡북을 만들었다.

knife는 이와 같이 knife cookbook이나 knife solo 또는 knife ec2와 같은 하위 명령어에 따라 명령어의 움직임이 바뀌는 툴이다. git과 유사하다. 이 하위 명령어는 정말 많이 존재하지만, 그중 많은 부분이 Chef Server 환경에서 서버와 클라이언트 관리를 위한 명령어다. Chef Solo 환경에서 이용하는 명령어는 knife cookbook과 나중에 설명할 knife solo 정도다.

레시피 편집

다음은 레시피를 만든다. 쿡북을 만든 시점에 레시피 파일이 생성되어 있어 그 파일을 편집한다.

```
$ vi cookboks/hello/recipes/default.rb
```

아래와 같이 로그로 "Hello, Chef!"를 출력만 하는 레시피를 만든다.

```
#
# Cookbook Name:: hello
# Recipe:: default
#
# Copyright 2013, YOUR_COMPANY_NAME
#
# All rights reserved - Do Not Redistribute
#
log "Hello, Chef!"
```

Chef Solo 실행

이젠 조금만 더 수정하면 된다. Chef Solo 실행 시 사용할 레시피를 포함하고 있는 JSON 파일을 준비한다. 여기서는 적당히 localhost.json이라고 이름을 붙인다. 이것을 chef-repo 디렉터리 아래에 저장한다.

```
// localhost.json
{
    "run_list" : [
        "recipe[hello]"
    ]
}
```

그리고 나서 Chef가 이용할 임시 디렉터리나 쿡북의 경로를 지정하는 설정 파일인 .rb 파일을 solo.rb라는 이름으로 chef-repo 디렉터리 아래에 저장한다.

```
# solo.rb
file_cache_path "/tmp/chef-solo"
cookbook_path ["/home/ec2-user/chef-repo/cookbooks"]
```

또, 이야기가 반복되지만 설정 파일을 생성하는 작업도 knife-solo로 단순화되기 때문에 이번에만 사용한다.

준비가 끝났다. 생성한 두 개의 설정 파일을 지정하여 chef-solo 명령어를 실행한다. Chef Solo는 서버의 모든 파일을 조작하는 성질이 있어서 실행할 때 sudo를 사용해야 한다는 점에 주의하자.

```
$ sudo chef-solo -c solo.rb -j localhost.json
```

아래와 같이 "Hello, Chef!"가 출력된다면 정상적으로 동작하는 것이다.

```
$ sudo chef-solo -c solo.rb -j localhost.json
Starting Chef Client, version 11.4.0
Compiling Cookbooks...
Converging 1 resources
Recipe: hello::default
  * log[Hello, Chef!] action write

Chef Client finished, 1 resources updated
```

위와 같이 Chef Solo의 사용 순서를 요약하면 다음과 같다.

• 레시피를 만든다.
• JSON 파일로 실행할 레시피를 지정한다.
• chef-solo 명령어로 그것을 실행한다.

간단하지 않은가!

패키지 설치

로그를 출력하는 것으로는 재미없으므로 실제로 서버 상태를 변경해 보자. 테스트로 zsh를 Chef Solo를 사용해 설치해 보자.

```
package "zsh" do
  action :install
end
```

방금 사용한 레시피 파일(default.rb)에 위의 내용을 추가하고 실행해 보자.

```
$ sudo chef-solo -c solo.rb -j localhost.json
Starting Chef Client, version 11.4.0
Compiling Cookbooks...
Converging 2 resources
Recipe: hello::default
  * log[Hello, Chef!] action write

  * package[zsh] action install
    - install version 4.3.10-5.6.amzn1 of package zsh

Chef Client finished, 2 resources updated
```

정확히 zsh가 설치되었다는 메시지가 보인다. 확인해 보자.

```
$ rpm -qa | grep zsh
zsh-4.3.10-5.6.amzn1.x86_64
```

package "zsh" do··· 부분에 yum이나 apt 같은 내용이 없다는 것에 주목하자. 이렇게 해도 zsh가 설치되는 것은 Chef가 플랫폼을 구분하여 설치 작업을 해준다는 것이다.

'zsh가 설치된 것은 알았다. 한 번 더 실행하면 어떻게 될까?'라는 의문을 가진 사람도 있을 것이다. 한 번 더 실행해 보자.

```
$ sudo chef-solo -c solo.rb -j localhost.json
Starting Chef Client, version 11.4.0
Compiling Cookbooks...
Converging 2 resources
Recipe: hello::default
  * log[Hello, Chef!] action write

  * package[zsh] action install (up to date)
Chef Client finished, 1 resources updated
```

출력 내용이 조금 바뀌었다. 설치가 된 상태라는 내용이 보여진다. 이미 설치되어 있음을 보여주며 에러도 발생하지 않는다는 것을 기억해 두자.

Ruby의 힘을 발휘하자

여러 개의 패키지를 한 번에 설치해 보자. 여기서는 Ruby이기 때문에 다음과 같은 반복문으로 작성해 보자.

```ruby
%w{zsh gcc make readline-devel}.each do |pkg|
  package pkg do
    action :install
  end
end
```

이 레시피를 실행하면 zsh, gcc, make, readline-devel이 한 번에 설치된다. 이와 같이 Ruby 코드와 같이 사용하면 레시피를 단순하게 작성할 수 있다.

멱등성이란?

Chef의 레시피에는 '멱등성(冪等性)을 보장한다'라는 중요한 정책이 있다. 앞에서도 말했지만, 멱등성은 수학이나 알고리즘 등에서 자주 사용하는 단어로, 그 조작을 여러 번

반복해도 결과는 같다라는 개념이다.

Chef의 레시피는 몇 번이고 실행해도 결과는 같다. 결국, Chef의 실행이 끝난 후 서버 상태는 동일하다는 것을 보증하는 것이다.

앞에서 zsh 설치 레시피를 두 번째 실행했을 때는 설치가 되지 않은 채 처리되었다. 그렇다고 에러가 발생한다든가 서버에 다른 영향을 주는 일이 발생하지는 않는다. 멱등성이 보증된다는 것이다. 별것 아닌 개념 같지만, 뒤에서 배우게 될 것들에서 중요한 개념이 되기 때문에 기억해 두길 바란다.

Resource란?

레시피를 작성할 때 log나 package라는 명령을 사용했다. 이 log나 package는 Ruby의 문법이 아닌 Chef가 제공하는 DSL이다. 이 레시피 안에서 사용하는 서버 상태에 어떤 영향을 주는 명령을 Chef에서는 "Resource"라고 한다. #1에서 'Resource 사용 방법만 안다면 OK!'라고 말했었다.

이번에는 Chef 로그를 조작하는 Log와 패키지 상태를 나타내는 Package라는 Resource를 사용했다. 둘 다 Chef가 표준으로 제공하는 Resource다. Resource는 자신이 정의할 수도 있고, 제삼자가 만든 것을 임포트(import)할 수도 있다. 이런 것들이 가능하지만, 기본적인 것은 표준으로 제공되고 있는 각종 Resource를 사용하면 대부분 구현이 가능하다.

Resource의 리스트는 공식 문서에서 확인할 수 있다. 아직 뭔지 모르겠다고 생각하는 분도 있을 것 같지만, 일단 URL 소개만 해두도록 하겠다.

URL http://docs.opscode.com/resource.html

#3

nginx를
Chef Solo로
설치

Hello, World!로 큰 흐름은 파악했고, 다음은 조금 더 실용적인 레시피를 실행해 보자.

Chef 이외의 방법으로 패키지 조작이나 설정 파일 변경 등의 작업을 일절 하지 않은 채, Chef Solo만으로 웹 서버를 가동하는 작업까지 해보자. 웹 서버 nginx(엔진엑스)를 설치하고, 서비스를 가동하고, 설정 파일도 Chef Solo로 배포하는 레시피를 작성하자.

일련의 순서로 #2에서도 본 JSON 파일 본래의 역할이나 쿡북의 디렉터리 구성에 대해서도 다시 설명하도록 하겠다.

또한, #2에 이어 이번에도 AWS의 EC2 + Amazon Linux 서버를 사용한다. #4에서 테스트 환경 구축 방법에 대해서 설명하므로 환경이 준비되지 않은 분들은 조금만 참고 다음 내용을 읽기 바란다.

레시피

리포지터리 내에 먼저 nginx용 쿡북을 신규로 생성한다. knife를 사용하여 생성한다.

```
knife cookbook create nginx -o cookbooks
```

다음은 레시피를 작성한다. cookbooks/nginx/recipes/default.rb 파일이다.

```
package "nginx" do
  action :install
end

service "nginx" do
  supports :status => true, :restart => true, :reload => true
  action [ :enable, :start ]
end

template "nginx.conf" do
  path "/etc/nginx/nginx.conf"
  source "nginx.conf.erb"
```

```
  owner "root"
  group "root"
  mode 0644
  notifies :reload, 'service[nginx]'
end
```

이전에도 사용한 package에 추가하여 이번에는 service와 template이라는 Resource를 사용하고 있다.

serveice는 그 이름 그대로 서비스를 조작하는 Resource다. Redhat 계열에서 보면, /etc/init.d 아래의 스크립트를 사용해 서비스를 가동하거나, 정지 또는 chkconfig나 어떤 도구로 OS가 부팅할 때 가동할 서비스를 등록하거나 한다. 이런 서비스 상태를 Chef 레시피 상에서 작성하고 싶을 때 Service를 사용한다. 자세한 문법에 대해서는 나중에 설명하므로 여기서는 Resource 역할만 기억해 두자. 무엇을 하고 있는지는 문법을 몰라도 보기만 하면 대부분 알 수 있을 것이다.

Template은 이번 경우와 같이 어떤 설정 파일을 Chef로 조작하고 싶을 때 사용하는 Resource다. 뒤에서 보겠지만, nginx.conf를 erb 템플릿으로 준비해 두고 레시피에 그것을 사용하도록 작성해 두면 템플릿이 배포되어 nginx.conf로 복사된다. erb는 Ruby의 대표적인 템플릿 엔진이다.

템플릿 파일

erb 템플릿을 cookbooks/nginx/templates/default/nginx.conf.erb에 올려 두자. 내용은 아래와 같다.

```
user  nginx;
worker_processes  1;
error_log  /var/log/nginx/error.log;
pid        /var/run/nginx.pid;
```

```
events {
    worker_connections  1024;
}

http {
    include         /etc/nginx/mime.types;
    default_type  application/octet-stream;

    server {
        listen          <%= node['nginx']['port'] %>;
        server_name  localhost;
        location / {
            root    /usr/share/nginx/html;
            index  index.html index.htm;
        }
    }
}
```

nginx.conf 거의 그대로다. nginx 설정 자체는 간단하여 최소한의 설정만 하였다. 그러나 아래의 행에 주목하자.

```
listen          <%= node['nginx']['port'] %>;
```

<%= … %>는 erb에 있어 변수 배포용 태그다. Chef Solo를 실행하면 이 템플릿 태그에 지정되어 있는 변수, 여기서는 node['nginx']['port']라는 해시가 배포된다.

이번에는 웹 서버 포트를 80번으로 고정하지 않고 Chef Solo 실행 시 지정하는 방법으로 위의 부분에 템플릿 태그를 사용했다. 예를 들어, 포트를 8080번으로 변경하고 싶을 때 매번 템플릿을 수정하지 않으면서 서버 A와 서버 B에서 사용할 포트를 변경하고 싶을 때가 있을 것이다. 이럴 때는 템플릿과 변수를 잘 사용해야 한다.

이 변수를 Chef에서는 "Attribute"라고 말한다. Attribute에 대한 자세한 설명은 추후 다시 하겠다.

JSON 파일(Node Object)

그럼, 템플릿에 변수를 사용할 수 있다고 하고 그 변수 값은 어디에서 지정할까? 그 답은 #2에서도 사용한 JSON 파일이다. 아래와 같이 JSON으로 작성해 두면 위에서와 같이 템플릿 상에서 node라는 해시를 통해 그 값을 찾을 수 있다.

```json
{
    "nginx": {
        "port" : 80
    },
    "run_list":[
        "nginx"
    ]
}
```

이와 같이 Chef Solo의 JSON 파일은 Chef Solo를 실행할 때 전달할 변수의 값, 그리고 어떤 레시피를 실행할 것인지 등 실행 시에 지정하고 싶은 값을 설정하는 파일이다. Chef Server를 사용할 때 그것들의 정보는 Chef Server에 저장되어 있지만, Chef Solo에서는 그 저장소가 없으므로 로컬에 JSON 파일로 작성하게 된다.

Chef에서는 관리 대상 서버를 노드(node)라고 한다. 그리고 그런 문맥에서 보다 정확하게 말하자면, JSON 파일에 적혀 있는 것은 어떤 특정 노드의 상태다. JSON 파일에 적혀 있는 데이터 구조는 Node Object라고 불린다. Node Object의 속성으로 그 노드에 적용해야 하는 레시피를 열거하고, 또 그 노드가 가지고 있는 변수(Attribute)의 값도 열거한다. 이것이 JSON 파일의 역할이다. Chef는 실행 시에 대상 노드의 Node Object를 전달받고, 그 노드에 적용해야 할 레시피나 Attribute를 판단한다.

따라서 Node Object, 즉 JSON 파일은 기본적으로 Chef로 조작하고 싶은 대상 노드별로 하나씩 만들게 된다.

쿡북 내의 디렉터리

이제 nginx 배포 레시피 준비는 완료되었다. Chef Solo를 실행하기에 앞서 쿡북 내의 디렉터리 구성에 대해 조금 설명해 두자. 다음은 knife cookbook create로 만드는 디렉터리의 내부다.

```
$ tree -F /home/ec2-user/chef-repo/cookbooks/nginx
/home/ec2-user/chef-repo/cookbooks/nginx
├── CHANGELOG.md
├── README.md
├── attributes/
├── definitions/
├── files/
│   └── default/
├── libraries/
├── metadata.rb
├── providers/
├── recipes/
│   └── default.rb
├── resources/
└── templates/
    └── default/
        └── nginx.conf.erb
```

이런 구조로 되어 있긴 하지만, 지금 기억해 둬야 할 것은 recipes, templates, files, attributes 정도다. 그 이외의 디렉터리는 사용 빈도가 그다지 높지 않다. 네 가지 디렉터리의 역할은 다음과 같다.

- recipes는 지금까지 본 내용과 같이 레시피 파일을 저장하는 디렉터리
- templates는 템플릿을 저장하는 디렉터리
- files는 파일을 저장하는 디렉터리
- attributes는 변수의 기본 값을 설정할 때 그 파일을 저장하는 디렉터리

그런데 templates의 하위 디렉터리에 default라는 디렉터리가 있다. default가 아닌 디렉터리는 언제 만들어지고 사용될까? 어떤 레시피를 만들 때 크로스 플랫폼에 적용,

즉 Debian(데비안), Gentoo(젠투), Ubuntu(우분투)에서 모두 동작하는 레시피를 만들 때다. 아직은 거기까지 고려하고 있지 않으니 그냥 지나가도록 하자.

files는 이 책에서는 처음 나왔고 아직 사용하지는 않지만, 조금 전의 nginx.conf와 같이 레시피에서 조작하고 싶은 파일 중 변수를 사용할 필요가 없는 것을 저장하는 장소다. 이번에는 nginx.conf에서 변수를 사용했기 때문에 Template Resource를 사용했지만, 변수가 필요 없을 때는 Cookbook File Resource를 사용해 실제 파일을 files 디렉터리 아래에 저장하게 된다.

attributes도 아직 사용하지는 않지만, 템플릿에서 사용한 Attribute(변수)의 기본 값을 설정하고 싶을 때 사용한다. 이것 또한 당분간 사용하지 않을 예정이니 '이런 디렉터리가 있구나' 정도로만 기억해 두자.

Chef Solo 실행

그럼, 다시 Chef Solo를 실행해 보자. 대상 서버 위에서 아래의 명령어를 실행한다.

```
$ sudo chef-solo -c solo.rb -j ./localhost.json
```

레시피에 문제가 없다면 ngnix가 정상적으로 가동되어 있을 것이다. 브라우저에서 URL을 입력하여 확인해 보자. 여기서는 EC2를 사용하고 있어서 인스턴스의 public DNS에 접속하면 문제없이 nginx 기본 페이지가 표시될 것이다.

Vagrant + CentOS에서의 문제점

테스트 환경을 간단하게 구축할 수 있는 Vagrant(베이그런트)를 곧 소개하겠지만, Vagrant를 사용하여 테스트할 때는 몇 가지 문제점이 있으므로 알아 두자.

Vagrant에서는 OS 이미지에 따라 기본으로 iptables가 활성화되어 있다. 그래서 80번 포트를 포함하여 대부분의 포트가 localhost 이외에서는 접속이 되지 않도록 되어 있다. 필자가 평상시 사용하고 있는 CentOS 6.3은 그랬다. 따라서 이대로는 브라우저에서 nginx에 접속할 수 없다. 실제 운용 시에는 좋지 않은 방법이지만, /etc/init.d/iptables stop으로 iptables를 정지해 둔다. Vagrant이기 때문에 보안적 측면에서 그다지 신경을 쓰지 않아도 되기 때문이다. (iptables 설정은 복잡하기 때문에 여기서는 생략하겠다.)

iptables를 off로 하는 설정도 Chef로 해도 좋다. Resource는 service다.

```
service 'iptables' do
    action [:disable, :stop]
end
```

위의 명령으로 iptables가 stop 상태가 되고 모든 포트에 접근이 가능해진다. (그러나 서비스 환경의 레시피 적용 시에는 위와 같이 설정하지 않도록 주의한다.)

또 한 가지, CentOS 6.3 초기 설정 상태에서는 yum의 EPEL이라는, 에드온 패키지의 yum 리포지터리를 활성화하지 않으면 nginx 다운로드가 안 된다. CentOS 표준에서는 nginx 패키지가 없기 때문이다. EPEL 활성화도 Chef Solo로 하고 싶지만, 그 작업은 #7에서 설명하도록 하겠다.

#4

3분 만에
Chef Solo
테스트
환경 준비하기

·

Vagrant

Chef를 몇 번이고 실행하려면 언제 삭제해도 문제없는 OS 환경이 있으면 편리하다. Vagrant를 사용하면 OS 안에 간단하게 가상 서버를 구축하고 삭제할 수 있다. 실제 해보면 정말 간단하여 깜짝 놀랄 것이다.

Vagrant는 x86과 AMD64/Intel64의 가상화 툴인 VirtualBox의 관리 툴로, vagrant 명령어로 간단하게 가상 머신을 구축할 수 있는 툴이다.

Vagrant라면 원하는 타이밍에 가상 서버를 구축하고 삭제할 수 있어서 Chef Solo 레시피 테스트 시에 최적이다. 그래서 Chef 테스트 환경으로 Vagrant를 선택하는 것이 자연스러워졌다. 필자가 참가하고 있는 Chef 커뮤니티에서도 Vagrant에 대한 이야기가 자주 나오고 있다.

여기서는 Vagrant의 도입 방법과 Chef 이용 시 해두면 좋은 설정, 그리고 Chef 레시피를 다양하게 테스트할 때 편리한 플러그인인 sahara에 대해 설명하겠다.

Vagrant의 도입

먼저, 오라클의 VirtualBox를 설치한다. VirtualBox 설치는 인스톨러의 지시를 따르면 된다.

VirtualBox를 설치한 후에는 Vagrant를 설치한다. Vagrant는 rubygems에 등록되어 있으며, 다음의 명령어로 설치할 수 있다.

```
$ gem install vagrant
```

(시스템 여러 부분을 조작하는 ruby를 사용할 때는 sudo로 root 권한을 사용한다.) 위와 같이 vagrant를 설치하면 vagrant 명령어를 사용할 수 있게 된다.

가상 서버의 가동

가상 서버의 가동은 모두 vagrant 명령어를 사용한다. 그러나 처음에는 "Vagrant box"라는 OS 이미지를 다운로드해야 한다.

http://www.vagrantbox.es/에 Vagrant용 각종 OS 이미지가 공개되어 있다. 여기서 리눅스는 CentOS 6.3을 사용한다. 다운로드는 vagrant box add 명령어로 이루어진다.

```
$ vagrant box add base http://developer.nrel.gov/downloads/vagrant-boxes/
➥ CentOS-6.3-x86_64-v20130101.box
```

vagrant box add가 완료되면 가상 서버를 가동한다. vagrant init && vagrant up 만 하면 된다.

적당한 디렉터리를 만들어 그 안에 다음과 같이 작성하면,

```
$ vagrant init
```

디렉터리 내에 Vagrantfile이라는, ruby로 작성된 설정 파일이 만들어진다. vagrant up 전에 네트워크 설정을 조금 만져 두자.

```
# Vagrantfile
Vagrant::Config.run do |config|
  config.vm.box = "base"
  config.vm.network :hostonly, "192.168.50.12"
  ...
```

config.vm.network :hostonly, "192.168.50.12"는 호스트 전용 네트워크라는 호스트 OS 쪽에서 게스트 OS 쪽으로 네트워크 접속을 허용하는 기능을 활성화하고, 게스트 OS의 IP를 192.168.50.12로 하는 설정이다.

이것으로 준비는 다 되었다.

```
$ vagrant up
```

위의 명령으로 호스트를 가동한다.

```
● chef_sandbox    vagrant up
[default] Importing base box 'base'...
[default] Matching MAC address for NAT networking...
[default] Clearing any previously set forwarded ports...
[default] Fixed port collision for 22 => 2222. Now on port 2200.
[default] Forwarding ports...
[default] -- 22 => 2200 (adapter 1)
[default] Creating shared folders metadata...
[default] Clearing any previously set network interfaces...
[default] Preparing network interfaces based on configuration...
[default] Booting VM...
[default] Waiting for VM to boot. This can take a few minutes.
[default] VM booted and ready for use!
[default] Configuring and enabling network interfaces...
[default] Mounting shared folders...
[default] -- v-root: /vagrant
```

너무 간단하다고 생각할 것이다. 이제부터는 OS 이미지를 다운로드받을 필요도 없어서 정말 3분 만에 가상 서버를 구축할 수 있게 된다.

ssh 로그인은 다음과 같이 하면 된다.

```
$ vagrant ssh
```

CentOS가 가상 서버로 가동되어 있을 것이다.

ssh 접속 설정 방법 1

나중에 Chef Solo를 knife-solo라는 툴로 움직일 것을 감안하여 아래처럼 일반적인 방법인 ssh로 접속되도록 하자.

```
$ ssh 192.168.50.12
```

~/.ssh/config에 다음과 같이 추가하고,

```
# ~/.ssh/config
Host 192.168.50.*
  IdentityFile ~/.vagrant.d/insecure_private_key
  User vagrant
```

해당 네트워크에는 Vagrant 비밀키를 기본으로 사용하도록 설정한다.

ssh 접속 설정 방법 2

직접 ~/.ssh/config를 수정하면 되지만, 이것도 귀찮을 때는 다음과 같이 한다.

```
$ vagrant ssh-config --host melody
```

그러면 그 가상 서버에 ssh 설정을 해주기 때문에 아래와 같이 하면 된다.

```
$ vagrant ssh-config --host melody >> ~/.ssh/config
```

그래서 다음으로 로그인할 수 있게 된다.

```
$ ssh melody
```

IP 주소를 신경 쓰지 않아도 되어 이 방법이 좋을지도 모르겠다. 여러분이 편한 방법으로 설정하면 된다.

정지와 삭제

가상 서버를 일시 정지하려면 halt, 반대로 리셋을 하려면 destroy를 사용한다.

```
$ vagrant halt
$ vagrant destroy
```

또한, 두 번째 가동 시부터는 add box나 init는 필요 없이 Vagrantfile이 있는 디렉터리에서 vagrant up만 하면 된다.

응용: OS 롤백이 가능하게 설정 – sahara

순식간에 가상 서버가 구축되어 이것만으로도 편리할 것이다. 그렇지만 여기서 sahara라는 플러그인을 설치하면 OS의 상태를 기억할 수 있게 되고, 어떤 변경이 가해져도 변경되기 전의 상태까지 롤백할 수 있는 기능도 사용할 수 있다.

```
# sahara를 설치
$ vagrant gem install sahara

# sandbox 모드를 활성화
$ vagrant sandbox on
```

```
# sandbox on한 상태까지 OS를 롤백
$ vagrant sandbox rollback

# OS 상태 변경을 설정
$ vagrant sandbox commit

# sandbox 모드를 비활성화
$ vagrant sandbox off
```

Chef Solo를 실행하기 전에 sandbox 모드로 해두고 rollback하면서 작업 실수 등에 사용할 수 있다.

정리

Vagrant를 사용하면 로컬에서 간단하게 가상 서버를 vagrant up으로 구축하고, vagrant destory로 삭제할 수 있게 된다. Chef Solo 테스트에 최적이다. Chef를 실행하여 뭔가 이상하다는 생각이 들면 그냥 삭제하고 다시 만들면 된다. 많이 사용해 보길 바란다.

또한, Vagrant에는 chef와의 연동 기능이 있어서 vagrant up 시에 지정한 레시피를 실행할 수 있다. 그 기능에 대해서는 뒤에서 다시 알아보도록 하자.

#5

원격에서
chef-solo를
실행

·

knife-solo

지금까지 Chef 레시피 실행은 서버에 로그인한 후에 레시피를 편집하고 chef-solo를 실행하는 순서로 해 왔다. 그러나 이 방법은 조금 번거롭다. 무엇보다 로컬에 있는 에디터를 사용하여 편집을 해야 한다는 것이 번거로운 일인 것이다.

본격적으로 레시피에 대한 설명을 하기 전에 이 불편한 점을 해결해 보자.

이를 위한 여러 방법 중 필자가 최고라고 생각하는 방법은 knife-solo다. knife-solo는 knife 플러그인으로, Chef Solo를 이용할 때 편리한 기능을 knife에 추가한다. knife에는 로컬에 있는 레시피를 원격으로 rsync를 이용하여 전송하고, chef-solo를 실행하여 그 출력을 스트림으로 반환해 주는 좋은 기능이 있다.

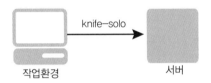

그럼, knife-solo 도입과 사용 방법에 대해 알아보자.

knife-solo의 도입

knife-solo는 rubygems다.

```
$ gem install knife-solo
```

위와 같이 설치한다. 경우에 따라 root 권한이 필요할 때는 sudo를 붙여 사용한다.

knife-solo는 개발이 정말 활발하게 이루어지고 있다. 이 책을 집필할 당시 rubygems에 있는 안정 버전은 0.2.0이었지만, 나중에 설명할 -o 옵션 등은 0.3.0에서 사용할 수 있다. (역주: 참고로, 2014년 1월 16일 현재 0.4.1이 최신 버전이다.)

새로운 버전을 사용할 때는 github에서 clone하여 rake install을 실행한다.

```
$ git clone git://github.com/matschaffer/knife-solo.git
$ cd knife-solo
$ rake install
```

이 책에서는 0.3.0을 사용하기 때문에 가능하면 0.3.0을 설치하길 바란다. knife-solo 0.3.0을 사용할 때는 knife 설정 파일 ~/.chef/knife.rb에 knife-solo가 사용할 템플 릿 디렉터리의 경로를 설정하기 위해 아래 내용을 추가한다.

```
knife[:solo_path] = '/tmp/chef-solo'
```

knife-solo

knife-solo를 설치하는 것만으로도 knife 명령어에 chef-solo 전용 명령어가 다수 추 가된다. 필요한 레시피 전송과 원격 실행은 다음과 같이 한다.

```
$ knife solo cook <host>
```

자주 사용하는 명령어나 옵션으로는 아래와 같은 것들이 있다.

```
# <host>에서 chef-solo를 설치
$ knife solo prepare <host>
$ knife solo prepare <user>@<host>

# <host>에서 chef-solo를 실행
$ knife solo cook <host>

# run_list 개별 지정(※ 버전 0.3.0부터 사용 가능)
$ knife solo cook <host> -o hello::default, nginx::default

# <host>에 전송한 레시피 그룹을 삭제
$ knife solo clean <host>
```

```
'# 신규 Chef 리포지터리를 생성
$ knife solo init chef-repo
```

또한, knife-solo가 ssh로 chef-solo를 실행하는 환경에서는 ssh에서 사용되는 로그인 사용자가 패스워드 없이 sudo로 chef-solo를 실행할 수 있는 권한이 있어야 한다. Vagrant나 EC2라면 초기 상태에서 로그인 사용자가 sudo 권한을 가지고 있으므로 설정할 필요는 없다.

Vagrant의 설명에서 Host Only Network를 활성화한 것은 이 knife-solo에서 ssh 로그인이 필요하기 때문이다.

knife-solo에서의 solo.rb 및 JSON 파일 처리

knife-solo를 사용할 때 #2나 #3에서 본 solo.rb나 JSON 파일의 처리 방법이 조금 달라진다.

solo.rb는 0.2.0에서는 knife solo init로 함께 만들어진다. 그 파일을 그대로 사용하면 된다. 0.3.0에서는 원래부터 solo.rb는 만들어지지 않고, solo.rb가 없어도 knife-solo가 알맞게 조정되도록 변경된 것 같다.

JSON 파일은 knife-solo에서는 knife solo prepare했거나 처음 knife solo cook을 했을 때, Chef 리포지터리 nodes 디렉터리 아래에 해당 노드의 호스트명 또는 IP 주소가 파일명으로 되어 생성된다. 예를 들어, nodes/192.168.50.12.json과 같이 생성된다. 이후 knife-solo는 knife solo cook 명령을 실행할 때 대상 노드 이름에 이 JSON 파일을 지정한다. 따라서 이후에는 이 JSON 파일을 편집하도록 한다.

또한, knife solo cook 명령어의 -j 옵션에서 임의의 JSON 파일을 지정할 수도 있다.

knife solo prepare로 Chef Ready!

knife solo prepare 명령어는 상당히 편리한 명령어이며, 지정한 서버에 Chef Solo를 설치하여 실행 가능한 상태로 만들어 준다. 서버 쪽에 필요한 것은 ssh & sudo 가능한 로그인 계정만 있으면 된다.

Vagrant에서도, EC2에서도, 또는 개인 서버에서도 서버가 설치되면,

```
$ knife solo prepare <host>
```

위와 같이 실행하면 이후 chef-solo가 실행 가능하게 된다. 실제 Vagrant에서는 초기 상태부터 Chef Solo가 설치되어 있지만, OS 이미지에 따라서는 낮은 버전도 있기 때문에 일단 초기에 knife prepare를 실행해 두면 좋을 것이다.

knife-solo에서 Chef Solo 환경 생성

knife-solo에는 chef-solo에 최적의 구조로 Chef 리포지터리를 생성하는 기능이 있다. 필자도 리포지터리를 만들 때는 항상 knife-solo를 사용한다.

```
$ knife solo init chef-repo
$ ls -F chef-repo
cookbooks/        data_bags/        nodes/        roles/        site-cookbooks/
```

생성한 리포지터리는 git으로 관리하자.

```
$ cd chef-repo
$ git init
$ git add .
$ git commit -m 'fist commit'
```

이후에 cookbook을 site-cookbooks 내에 만들려면 다음과 같이 하면 된다.

```
$ knife cookbook create hello -o site-cookbooks
```

지금까지는 리포지터리를 옵스코드의 리포지터리에서 생성했지만, 다음부터는 knife-solo로 생성해 보도록 하자.

knife solo init로 생성한 리포지터리의 디렉터리 구성

#3에서는 knife가 생성할 쿡북의 디렉터리 구성을 보았다. 여기서는 knife-solo가 생성할 Chef 리포지터리의 디렉터리 구성을 살펴보자.

```
% ls -Fl | cut -f14 -d " "

coolbooks/
data_bags/
nodes/
roles/
site-cookbooks/
```

위와 같이 5개의 디렉터리로 구성된다.

cookbooks와 site-cookbooks 모두 쿡북에 저장되는 디렉터리다. cookbooks에서는 다운로드한 쿡북 등 다른 제삼자가 만든 쿡북이 저장된다. site-cookbooks에 자신이 만든 쿡북을 저장하여 사용하는 방법을 추천한다고 한다.

nodes 디렉터리는 위에서 설명한 것과 같이 노드별 JSON 파일의 저장소다.

data_bags와 roles는 당분간 사용하지 않기 때문에 기억해 둘 필요는 없다. 글자 그대로 Chef의 Data Bags 기능과 Roles 기능을 사용할 때 사용하는 장소다.

여러 호스트로의 knife solo 실행

Chef Solo에서의 관리 대상 노드가 여러 대일 때는 knife-solo 실행을 여러 번 하면 된다. 그럴 때 아래와 같이 xargs를 사용하면 된다.

```
$ echo user@node1 user@node2 user@node3 | xargs -n 1 knife solo cook
```

호스트명을 매번 입력하는 것이 불편하다면 쉘 스크립트를 만들면 된다.

정리

knife-solo를 사용하면 서버에 매번 서버에 로그인하지 않고 로컬 작업 환경에서 Chef Solo를 실행할 수 있다.

또한, knife solo prepare로 Chef 환경이 설치되지 않은 서버도 바로 Chef Solo Ready 상태로 할 수 있다.

knife solo init로 리포지터리를 만들고, 로컬 환경에서 원하는 에디터로 레시피를 편집하고, knife solo prepare로 원격지의 Chef Solo 환경을 구축하고, knife solo cook으로 실행하는 것이 일련의 작업 순서다.

레시피를
만들어 실행
순서 연습

지금까지 Vagrant로 테스트 환경을 준비하고 Chef Solo의 레시피를 생성하여 knife-solo로 실행하는 작업 방법에 관한 설명이 끝났다. 이후에는 추가 설명을 조금 더 하고 본격적으로 Resource에 대해 설명하겠다.

여러 명령어가 나왔기 때문에 일반적인 작업 순서를 연습해 두자. 그리고 여기서는 Vagrant와 knife-solo는 설치한 상태로 가정하고 설명을 하겠다.

vagrant up

먼저, 레시피를 적용할 노드를 Vagrant로 준비한다.

```
$ cd /some/where

# 신규 가상 서버를 만든다면 init로 Vagrantfile을 편집
$ vagrant init
$ vagrant ssh-config --host melody >>  ~/.ssh/config

$ vagrant up
```

Chef 리포지터리 생성

Chef 레포지터리 생성과 함께 git 관리도 시작하자.

```
$ knife solo init chef-repo
$ cd chef-repo
$ git init
$ git add .
$ git commit -m 'first commit'
```

knife solo prepare

가상 서버의 호스트명은 "melody"다. knife-solo prepare로 환경을 준비한다. JSON
파일이 함께 생성되기 때문에 commit해 두자.

```
$ knife solo prepare melody
$ git add nodes/melody.json
$ git commit -m 'add node json file'
```

쿡북 생성과 레시피 수정

쿡북을 만들고 레시피를 편집한다. 여기서는 nginx의 설정이라고 가정한다. JSON 파
일 편집도 잊지 말고 하자(자주 빠뜨리는 설정이다).

```
$ knife cookbook create nginx -o site-cookbooks
```

위와 같이 실행하고, 다음으로 레시피와 JSON 파일을 편집한다.

```
$ vi site-cookbooks/nginx/recipes/default.rb
$ vi nodes/melody.json
```

Chef Solo 실행

앞의 작업이 완료되면 레시피를 노드에 적용해 보자.

```
$ knife solo cook melody
```

의도한 내용처럼 동작한다면 git에 commit한다.

```
$ git add site-cookbooks/nginx
$ git commit -m 'Add nginx recipe'
```

끝났다! 간단하다.

레시피의 업그레이드

대략적인 순서는 이상과 같다. 이제는 이 내용을 반복하여 쿡북과 레시피를 늘려 가는 형태가 된다.

추가로, Chef의 레시피를 만들어 가는 과정에서 많은 시행착오가 있을 것으로 생각한다. 예를 들어, 처음에는 template의 종류는 기본 설정 파일을 그대로 복사하였지만 점점 범용적으로 만들기 위해 Attribute를 도입한다거나, 레시피도 크로스 플랫폼을 고려하지 않고 만들었지만 점점 크로스 플랫폼을 고려하여 레시피를 만들게 된다든가 하는 경우들이다.

리포지터리를 버전 관리해 두면 실수에 대한 복구 작업도 편리하게 할 수 있으며, Vagrant 등으로 테스트 환경을 구축해 두면 가볍게 테스트도 할 수 있다.

필자도 처음에는 조심조심 Chef를 사용했지만, 몇 번이고 레시피를 실행시키는 사이 점점 업그레이드되었고 지금은 꽤 많은 레시피가 축적되었다. 또한, Chef의 레시피를 구축해 가는 과정에서 애플리케이션 버전을 올려 업그레이드해 가는 재미를 느끼고 있다. 계속 연습하여 점점 레시피를 업그레이드해 가도록 하자.

#7

서드파티
Chef 쿡북
사용

이 책에서는 레시피를 여러분이 직접 작성하는 것을 염두에 두고 설명을 진행한다. 한편, 주요 소프트웨어 쿡북은 서드파티 라이브러리로 많이 제공되기도 한다.

옵스코드 커뮤니티(Opscode Community)에는 이러한 서드파티 Chef 쿡북이 많이 있다. knife 명령어를 사용하면 공개되어 있는 쿡북을 간단하게 임포트할 수 있다.

여기서는 그 도입 방법에 대해서 살펴보자.

사전 설정

옵스코드 커뮤니티에서 쿡북을 임포트하기 위해서는 옵스코드 커뮤니티에 사용자를 등록하고 비밀키를 다운받아야 한다. 옵스코드 커뮤니티 사이트에서 등록(sign up)한 후에 사용자 설정 화면에서 "Get a new private key"를 선택하고 비밀키를 다운로드한다.

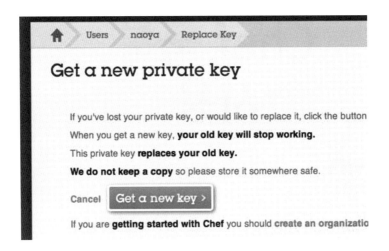

다운로드한 비밀키(파일명<사용자명>.pem, 예: naoya.pem)는 ~/.chef/naoya.pem에 저장한다. 권한은 물론 600이다.

다음은 knife를 설정한다. #3에서 knife configure로 생성한 ~/.chef/knife.rb를 편

집하여 아래와 같이 두 가지 설정을 하도록 하자.

```
client_key        '/Users/naoya/.chef/naoya.pem'
cookbook_path    [ './cookbooks' ]
```

첫 번째는 방금 다운로드한 비밀키 경로를 지정하고, 두 번째는 임포트할 쿡북을 저장하는 디렉터리다. ./cookbooks로 하게 되면, Chef 리포지터리의 루트 디렉터리로 임포트 명령어를 실행했을 때 cookbooks 디렉터리 안에 저장된다.

yum의 EPEL을 yum 쿡북으로 활성화

예를 들어, CentOS의 yum 리포지터리 설정으로 에드온 패키지의 EPEL을 활성화하는 쿡북을 사용해 보자.

옵스코드 커뮤니티 쿡북은 knife 명령어로 다운로드할 수 있다.

이때 명령어를 실행할 경우, 자신의 Chef 리포지터리가 git으로 관리되고 있고 작업 디렉터리가 클린 상태(커밋하지 않은 변경이 없는 상태)로 있어야 한다. (이 부분은 조금 불편하다고 생각한다.)

```
$ cd chef-repo
# git
$ git init
$ git add .
$ git commit -m 'blah blah'
```

그럼, knife로 yum 쿡북을 다운로드하자.

```
$ knife cookbook site vendor yum
```

위와 같이 명령어를 실행하면 cookbooks 디렉터리 아래에 yum 쿡북이 다운로드된다.

또한, git add + commit도 자동으로 실행된다.

이것으로 yum 쿡북은 사용 가능한 상태가 되었다. yum 쿡북의 사용 방법은 레시피를 보거나 문서를 보지 말자. 일단, EPEL 활성화를 위해 JSON 파일의 run_list에 다음과 같이 입력하고,

```
{
    "run_list":[
        "yum::epel"
    ]
}
```

Chef::Solo를 실행하면 된다. 이 내용은 yum 쿡북의 epel.rb 레시피를 실행하라는 의미다.

이것으로 knife solo cook을 실행하면, 공개키와 yum 리포지터리 설정에 필요한 여러 설정이 완료되어 EPEL이 활성화된다. 테스트해 보자.

```
$ vagrant ssh
$ yum repolist
...
epel  Extra Packages for Enterprise Linux  8,425
```

EPEL이 사용할 수 있는 상태라는 것을 알 수 있다. yum 쿡북은 실제로 /etc/yum.repos.d 아래에 epel 설정 파일을 생성하는 등의 작업을 하는 것 같다.

직접 만들 것인가? 서드파티를 사용할 것인가?

여기까지 서드파티 쿡북의 사용 방법을 소개하였다.

그럼, 이런 서드파티를 적극적으로 사용하는 것이 바람직한 것일까? 그 상황에 맞춰 사용해야지 어느 쪽이 더 좋다고 단정 지어 말할 수는 없다. 옵스코드 커뮤니티 레시피는

어디까지나 커뮤니티에서 제공하는 것이라서 모든 쿡북이 완전하게 동작하지 않는 것들도 있지만, 완전하지는 않다고 하더라도 사용하지 못할 정도로 형편이 없는 것은 아니다.

종합적으로 말하자면, 서드파티 쿡북은 그 성격상 범용성을 높이기 위해 비교적 정확하게 쓰여 있는 것이 많다. 크로스 플랫폼 등이 특히 그렇다. 그러나 지금부터 직접 레시피를 작성해 보면 알겠지만, 자신의 환경 안에서 레시피를 만들게 되면 다른 서드파티 레시피보다 써야 하는 항목도 적어질뿐더러 자신이 작성한 레시피이기 때문에 더 쉽게 이해할 수 있다.

rubygems와 같이 새롭게 개발하지 않고 기존에 있는 것을 유지하고 계속 사용하는 상황과는 조금 다르다고 생각한다.

필자는 서드파티 쿡북을 그렇게 많이 사용하지는 않는다. 여기서 소개한 EPEL 활성화처럼 직접 작성하면 귀찮지만 쿡북의 도입 자체는 정말 간단한 레시피만 사용하고 있다. 그 외 레시피는 전부 직접 작성하여 사용하고 있다.

적어도 기본적인 레시피라면 문제없이 읽고 쓸 정도로, Chef에 익숙해질 때까지 서드파티 쿡북에 의존하지 않는 것이 좋다. 서버 구성을 변경하고 자동화하는 중요한 작업에 내용을 이해하지 못하는 레시피를 사용하는 것은 그다지 좋은 태도는 아닐 것이다.

레시피 조작 방법을 충분히 숙지한 상태라도 운용 관리 정책과 비교하면서 서드파티 레시피의 도입 여부를 검토하는 것이 좋다.

#8

대표적인
레시피 예제
확인

·

td-agent 레시피

지금까지 레시피란 무엇이며, 어디에 작성하는지, 또 생성한 레시피를 어떤 서버에 적용할지에 대해 배웠다.

이제는 보다 실전적인 레시피를 작성할 수 있도록 각 Resource의 자세한 내용을 설명하고자 한다. 하지만 개별 설명에 들어가지 전에 먼저 참고가 될 만한 실전 레시피를 보고 전체 이미지를 그려보겠다.

예제에 이용할 레시피는 td-agent라는 패키지 쿡북이다. 아래의 URL에서 다운로드할수 있다.

URL https://github.com/treasure-data/chef-td-agent

td-agent는 Fluentd라는 로그 수집 소프트웨어의 배포 패키지다. 이 책에서 설명하고싶은 것들이 많이 사용되고 있는 좋은 예제로서 이 레시피를 선택하였다.

td-agent 레시피

td-agent 쿡북을 실행하면 td-agent가 설치되고 템플릿으로 준비된 설정 파일이 서버에 설치된다. 잘 알고 있는 상태일 것이다.

이것을 실현하고 있는 것이 아래의 레시피다. 기본에 충실하게 작성되어 있어 읽는 것만으로 대부분 무엇을 하는지를 이해할 수 있다고 생각한다. 각 항목은 뒤에서 설명하므로 일단 읽어 보자.

```
#
# Cookbook Name:: td-agent
# Recipe:: default
#
# Copyright 2011, Treasure Data, Inc.
#

group 'td-agent' do
  group_name 'td-agent'
```

```
    gid         403
    action      [:create]
  end

  user 'td-agent' do
    comment  'td-agent'
    uid      403
    group    'td-agent'
    home     '/var/run/td-agent'
    shell    '/bin/false'
    password nil
    supports :manage_home => true
    action   [:create, :manage]
  end

  directory '/etc/td-agent/' do
    owner  'td-agent'
    group  'td-agent'
    mode   '0755'
    action :create
  end

  case node['platform']
  when "ubuntu"
    dist = node['lsb']['codename']
    source = (dist == 'precise') ? "http://packages.treasure-data.com/precise/"
➥: "http://packages.treasure-data.com/debian/"
    apt_repository "treasure-data" do
      uri source
      distribution dist
      components ["contrib"]
      action :add
    end
  when "centos", "redhat"
    yum_repository "treasure-data" do
      url "http://packages.treasure-data.com/redhat/$basearch"
      action :add
    end
  end
```

```
template "/etc/td-agent/td-agent.conf" do
  mode "0644"
  source "td-agent.conf.erb"
end

package "td-agent" do
  options "-f --force-yes"
  action :upgrade
end

service "td-agent" do
  action [ :enable, :start ]
  subscribes :restart, resources(:template => "/etc/td-agent/td-agent.conf")
end
```

이 레시피가 하고 있는 것들은 다음과 같다.

- td-agent 그룹을 생성
- td-agent 사용자를 생성
- /etc/td-agent/ 디렉터리를 생성
- td-agent 배포용 사이트를 apt 소스 또는 yum 리포지터리에 추가
- td-agent의 설정 파일을 템플릿에서 생성하고 설치
- td-agent 패키지를 설치
- td-agent 서비스를 활성화

또한, td-agent 레시피는 여러 플랫폼에 설치할 것을 고려하여 사용자, 그룹, 디렉터리 등을 레시피 내에 작성해 놓고 있다. 그러나 이 부분은 일반적인 RPM 또는 deb 패키지가 사용자 생성 및 그 외의 작업을 실행해 준다. 따라서 단순히 nginx를 설치할 거라면 package Resource로 설치하면 된다. 여기서는 어디까지나 '문법 참고'용으로만 td-agent의 레시피를 소개하고 있다는 점에 주의하길 바란다.

각각의 상세 내용을 살펴보자.

그룹 생성

그룹의 상태는 Group이라는 Resource를 사용한다. 여기서는 gid 403, 그룹명이 td-agent가 되도록 설정되어 있다.

```
group 'td-agent' do
  group_name 'td-agent'
  gid        403
  action     [:create]
end
```

사용자 생성

사용자의 상태는 User Resourece를 사용한다.

```
user 'td-agent' do
  comment  'td-agent'
  uid      403
  group    'td-agent'
  home     '/var/run/td-agent'
  shell    '/bin/false'
  password nil
  supports :manage_home => true
  action   [:create, :manage]
end
```

여기서는 사용자명은 물론이고 코멘트와 uid, 그룹, 홈 디렉터리와 기본 로그인 쉘 등도 설정되어 있다. 쉘을 /bin/false로 하고 패스워드는 nil로 하여 로그인 불가능한 사용자로 사용자를 생성하고 있다.

옵션으로는 위에서 생성한 그룹 td-group이 지정되어 있다. Chef의 레시피는 위에서부터 실행되기 때문에 위에서 정의된 처리는 모두 실행된 상태라고 가정하고 레시피를 작성해도 문제없다.

디렉터리 생성

디렉터리는 Directory Resource를 사용한다. 특별히 어려운 부분은 없다.

```
directory '/etc/td-agent/' do
  owner  'td-agent'
  group  'td-agent'
  mode   '0755'
  action :create
end
```

여기서도 owner, group에 위에서 생성한 사용자와 그룹이 사용되고 있다.

패키지 배포 사이트 등록

다음은 패키지 배포 사이트(URL)를 각 OS의 패키지 시스템에 등록하는 설정이다. 배포 사이트를 등록하면 나중에 package Resource로 td-agent가 해당 URL에서 다운로드되어 설치된다. Debian 계열과 Redhat 계열에 지원되도록 작성되어 있어서 지금까지의 레시피에 비해 조금 복잡한 구조로 되어 있다.

```
case node['platform']
when "ubuntu"
  dist = node['lsb']['codename']
  source = (dist == 'precise') ? "http://packages.treasure-data.com/precise/"
➥ : "http://packages.treasure-data.com/debian/"
  apt_repository "treasure-data" do
    uri source
```

```
    distribution dist
    components ["contrib"]
    action :add
  end
when "centos", "redhat"
  yum_repository "treasure-data" do
  url "http://packages.treasure-data.com/redhat/$basearch"
    action :add
  end
end
```

여기서는 node['platform']이라는 변수를 보고 그 값을 기준으로 플랫폼별로 나누어 처리되고 있다. Ubuntu라면 apt를, CentOS나 RedHat이라면 yum을 설정한다. node는 템플릿에서도 본 예제 변수다. node에서는 이와 같이 Chef가 미리 시스템에서 추출해 놓은 값을 사용할 수 있다.

그리고 플랫폼별 처리 안에 각각 apt_repository와 yum_repository의 Resource를 사용해 배포 URL을 설정하고 있다.

Attribute와 Ohai

그런데 여기까지 변수 node를 '변수'라고 불러 왔지만, Chef에서는 Attribute라고 불린다. 템플릿과 레시피 안에서 참조할 수 있는 여러 Key + Value 값을 제공하는 것이 Attribute라는 구조다.

그리고 Attribute에서는 방금 본 것과 같이 Chef가 시스템에서 미리 추출해 놓은 값을 사용할 수 있다. td-agent 레시피에서는 node['platform'] 등이 참조되고 있다.

그럼, 실제로 Attribute로 참조할 수 있는 정보에는 어떤 것들이 있는지, 즉 어떤 키에서 어떤 정보를 참조할 수 있을까? 이는 ohai라는 명령어를 실행하면 알 수 있다.

ohai는 Chef를 설치했을 때 함께 설치되는 라이브러리로, 시스템의 여러 값을 추출하여 JSON 데이터 구조에서 그 값을 사용할 수 있게 해주는 것이다. ohai 명령어는 그 프론트엔드 툴이다. 그리고 Chef는 ohai를 사용해 Attribute에 서버 환경 정보를 설정하는 것이다. ohai 실행 결과는 매우 길기 때문에 조금만 살펴보자.

```
$ ohai | head
{
  "languages": {
    "ruby": {
      "platform": "x86_64-linux",
      "version": "1.8.7",
      "release_date": "2011-06-30",
      "target": "x86_64-redhat-linux-gnu",
      "target_cpu": "x86_64",
```

Ruby 버전을 알 수 있다.

```
$ ohai platform
[
  "centos"
]
```

그리고 위와 같이 파라미터 값을 지정하면 임의의 값만을 볼 수 있다.

이 ohai가 수집한 값을 Chef에서 사용하고 싶을 때는 node[:platform]이라고 작성하면 된다.

ohai는 꽤 상세한 내용까지 수집해 주어 정말 감탄하고 있지만, 실제 그런 정보를 수집하는 ohai 코드는 수많은 땀과 노력이 담겨 있는 코드로 되어 있다. 관심이 있는 분은 소스 코드를 살펴보길 바란다.

템플릿에서 설정 파일 생성

다음은 템플릿에서 설정 파일을 생성하는 레시피다. #3에서 본 것과 거의 비슷하다.

```
template "/etc/td-agent/td-agent.conf" do
  mode "0644"
  source "td-agent.conf.erb"
end
```

td-agent 패키지 설치

Package Resource를 사용한 rd-agent 패키지를 설치한다. 위에서 설명한 것과 같이 Package는 해당 플랫폼의 패키지 시스템이 무엇인지 알아서 조사하여 실행해 준다. Debian이라면 apt, RedHat이라면 yum이다.

td-agent는 apt나 yum 리포지터리에는 존재하지 않는 서드파티 패키지이지만, 위에서 apt_repository 또는 yum_repository에 배포 URL을 설정했기 때문에 아래와 같은 내용만 넣어주면 apt 혹은 yum으로 td-agent가 설치되는 것이다.

```
package "td-agent" do
  options "-f --force-yes"
  action :upgrade
end
```

또, 여기에서는 action이 action :install이 아닌 action :upgrade로 되어 있다는 점에 주의하자. install의 경우, 패키지가 설치되어 있다면 아무것도 실행하지 않는다. upgrade의 경우는 최신 버전이 있다면 그 버전으로 업그레이드한다. 해당 패키지를 최신 버전으로 유지하길 원한다면 액션을 upgrade로 지정하면 된다.

```
service "td-agent" do
  action [ :enable, :start ]
  subscribes :restart, resources(:template => "/etc/td-agent/td-agent.conf")
end
```

마지막으로, td-agent 서비스를 가동하고 있다. 액션은 [:enable, :start]와 배열을 이용하여 두 개의 액션을 지정함으로써 양쪽 모든 액션이 실행된다. :enable은 OS가 가동될 때 서비스로 등록할 액션, :start는 이름 그대로 서비스의 가동이다.

여기서 눈에 띄는 부분이 subscribes라는 행이다. 이것은 템플릿 파일이 갱신되어 있다면 :restart 액션을 실행하라고 되어 있다. td-agent만이 아니라 모든 서비스는 설정이 갱신되었다면 프로세스를 활성화해야 한다. 그것을 구현한 것이 위의 내용이다.

Subscribe에 관한 내용은 앞으로 자세하게 살펴볼 것이다.

공식 문서 참조

어떤가? 레시피의 작성 방법은 어느 정도 이해했다고 생각한다. 실제로 자주 사용하는 Resource는 여기에서 다뤄진 것이 대부분이며, 이 Resource의 사용 방법을 기억해 둔다면 하고 싶은 설정들은 거의 구현할 수 있을 것이다.

이 정도라면 나머지는 공식 Resource 문서인 'About Resources and Providers – Chef Docs'(http://docs.opscode.com/resource.html)를 참조하면 된다. 정보가 너무 많아 어디에서 어떤 내용을 봐야 하는지 걱정하지 않아도 된다. 문서에는 표준 리소스와 그 옵션에 대해 설명하고 있어 레시피를 작성하다가 모르는 부분이 생기면 그때 문서를 참조하면 좋을 것이다. 필자도 Chef를 이용할 때 제일 많이 참조하는 것이 이 문서다.

왜 "Resource?"

Chef의 Resourece는 왜 '자원'이라는 단어일까? 그 답은 #1에서 언급했던, Chef는 '서버의 상태를 관리하고 조정하기 위한 프레임워크'라는 것과 관계가 있다.

Chef를 서버 자동화 툴이라는 기능 측면에서만 본다면, 레시피에 쓰여진 내용은 자동화 순서에 불과할 것이다.

그러나 본질적으로 Chef가 하는 일은 '서버 상태를 관리한다'라고 설명했었다. 결국, 이러한 관점에서 보면 레시피에는 '노드의 설정 상태'가 적혀 있는 것이다. nginx가 필요하면 'nginx 설치'라는 상태를 레시피로 작성한다. 버전을 고정하고 싶다면 '버전은 이 버전'이라고 상태에 대한 내용을 적는다.

관리한다는 말은 노드를 구성하는 어떤 요소의 상태를 뜻한다. 그 '어떤 요소'가 바로 리소스를 말하는 것이다. 노드를 구성하는 패키지, 서비스, 설정 파일과 같은 각종 리소스가 있고, 레시피에는 그 리소스의 상태를 기술하는 것이다. 따라서 그 구문을 제공하는 것이 바로 "Resource"라고 불리는 것이다.

갱신한 레시피에는 노드의 '새로운 리소스 상태'가 정의되어 있다. Chef는 그 레시피를 아직 적용하지 않은 노드의 상태, 즉 '현재의 리소스'를 불러와 '새로운 리소스'와 비교하고, 그 상태가 다르다면 새로운 리소스 상태로 '조정한다'라고 하는 프레임워크다. 이런 맥락에서 보면, Chef의 쿡북이나 레시피가 '처리 순서를 정의한다'기보다는 '서버가 최종적으로 이렇게 되었으면 좋겠다'라는 '상태를 정의한다'는 접근 방법이 보다 Chef적인 접근 방법이라고 말할 수 있겠다.

Chef의 사상에 대해서는 'What is Chef?'(역주: 한글 버전은 다음에서 볼 수 있다. http://www.slideshare.net/songdoojang/whatischef-korean)라는 자료에 정리되어 있으니 Chef에 대한 사용 방법에 익숙해지더라고 한 번 정도는 읽어 두길 바란다.

다음의 URL에서도 Chef에 대한 내용을 확인할 수 있다. 'An Overview of Chef' (http://docs.opscode.com/chef_overview.html)

```
template '/etc/nginx/nginx.conf' do
  owner 'root'
end
```

참고로, 이 책에서는 위와 같은 레시피에서 owner 등과 같은 구문을 "옵션"이라고 하지만, Chef 내에서는 "Attribute"라고 부른다. 위의 경우 Template이라는 리소스에 포함되는 성질로 owner, 즉 owner 속성(Attribute)은 root라는 것을 정의하는 것이다. '리소스가 있고 그 속성이 있다'라는 관점에서 보면, 옵션 행을 Attribute라고 부르는 이유를 알 수 있다. 그러나 Attribute라고 하면 Template이나 레시피로 사용할 수 있는 변수 구조인 Attribute와의 구별이 어렵다. 따라서 이후에도 "옵션"이라고 부르기로 하겠다.

패키지 설치

·

Package

여기서는 자주 사용되는 Resource에 관해 자세히 살펴볼 것이다. Chef로 패키지를 설치하려면 Package Resource를 사용한다. 지금까지 많이 봐 왔다. 아마도 제일 자주 사용되는 Resource일 것이다.

Package

Package는 패키지 상태를 나타내기 위한 Resource다.

```
package "nginx" do
  action :install
end
```

위와 같이 작성한다. Package는 실제로 동작할 때에는 플랫폼에 맞춰 패키지 시스템을 선택해 준다. Redhat 계열이면 yum, Debian 계열이라면 apt를 사용한다.

여러 패키지를 설치하고 싶다면,

```
%w{gcc make nginx mysql}.each do |pkg|
  package pkg do
    action :install
  end
end
```

위와 같이 Ruby 구문을 사용하면 될 것이다.

```
package "perl" do
  action :install
  version "5.10.1"
end
```

위와 같이 version을 지정하여 버전을 고정할 수 있다.

액션 :install은 패키지를 설치만 하지만, #8의 내용과 같이 :upgrade로 하면 레시피를 여러 번 실행시켰을 때 기존 버전이 낮을 경우 그 버전을 최신 버전으로 재설치한다.

패키지의 삭제는 다음과 같이 한다.

```
package "perl" do
  action :remove
end
```

패키지를 지정한 파일로 설치할 때도 있을 것이다. 그럴 때는 다음과 같이 한다.

```
package "tar" do
  action :install
  source "/tmp/tar-1.16.1-1.rpm"
  provider Chef::Provider::Package::Rpm
end
```

Cookbook File Resource와 같이 사용하여 그 rpm 파일도 Chef 리포지터리에 저장해 관리하고 Chef로 설치하는 방법도 있다. 이 방법에 대해서는 나중에 설명하기로 하겠다.

gem_package

Package Resource의 하위 리소스의 gem_package를 사용하면 rubygems의 gem을 사용할 수 있다. 사용 방법은 일반적인 Package와 같다.

```
gem_package "rake" do
  action :install
end
```

이것으로 rake가 설치된다.

rubygems를 설치하고 싶을 때 gem 명령어 경로를 명시적으로 지정하고 싶을 때가 있을 것이다. 예를 들어, #8에서도 소개한 td-agent는 그 플러그인을 gem으로 설치하지만, 그때 td-agent에서 사용하는 gem 명령어를 사용해야 한다. 시스템에 존재하는 gem 명령어를 사용하게 되면, td-agent가 사용할 ruby 경로가 생각한 경로와 다른 경로에 gem이 들어가 버린다.

이럴 때는 아래와 같이 gem_binary 옵션 경로를 지정한다.

```
gem_package 'fluent-plugin-extract_query_params' do
  gem_binary "/usr/lib64/fluent/ruby/bin/fluent-gem"
  version '0.0.2'
  action :upgrade
end
```

이 외에도 상세한 옵션들이 있긴 하지만 사용 빈도가 높지 않다. 보다 자세한 내용은 문서를 참조하자.

#10

서비스 가동

·

Service와
Notification

웹 서버나 데이터베이스와 같은 '서비스'의 패키지를 Package Resource로 설치할 때, 그 자체로는 서비스의 가동과 OS 가동 시에 서비스가 가동되도록 등록되지 않는다. Service Resource를 사용하면 그 서비스의 상태를 나타낼 수 있다.

서비스 패키지에는 설정 파일이 포함된 경우가 많다. 예를 들어, nginx는 nginx.conf 등이 있다. 이때 nginx.conf를 갱신하면 nginx를 reload하거나 restart하여 설정을 다시 읽어 들여야 한다. Notification(통지)이라는 기능과 Service를 잘 조합하면 이런 서비스 설치를 잘 구현할 수 있다.

Service

아래는 nginx를 가동하는 레시피다.

```
service "nginx" do
  action [ :enable, :start ]
  supports :status => true, :restart => true, :reload => true
end
```

action 행으로 서비스를 활성화하고 가동시킨다. 그것은 OS 가동 시에 nginx가 가동되도록 하는 것이다. 실제로, Redhat 계열이라면 /etc/init.d 아래의 스크립트가 수정되어 원하는 상태로 설정된다.

계속해서, supports 행은 다른 리소스 등에 '이 서비스는 status, restart, reload의 사용이 가능하다'라는 것을 가르쳐 주는 옵션이다. 없어도 동작하지만, 지정할 수 있다면 해두는 것이 좋다.

예를 들어, :restart => true가 지정되지 않았다면 Chef는 서비스의 restart를 stop + start로 대신하려고 한다. 각종 서비스의 init 스크립트는 stop + start로 할 수 없는 동작을 restart로 정의할 때도 있다. 따라서 restart를 사용할 수 있다면 그쪽에 맡겨두는 것이 좋을 것이다.

Notification과 Service의 조합

Notification을 사용하면 위에서도 설명했듯이, 다른 Resource의 변경에 맞춰 서비스를 재가동하는 동작을 사용할 수 있다. 예를 들어, nginx 서비스를 nginx.conf가 갱신되었을 때 reload하려고 한다면 아래와 같이 작성하면 된다.

```
service "nginx" do
  supports :status => true, :restart => true, :reload => true
  action [ :enable, :start ]
end

template "nginx.conf" do
  path "/etc/nginx/nginx.conf"
  source "nginx.conf.erb"
  owner "root"
  group "root"
  mode 0644
  notifies :reload, 'service[nginx]'
end
```

Template 내용에 notifies :reload, 'service[nginx]'가 있다. 이것이 Notification이다. 다른 Resource에서 특정 Resource에 Notification(통지)을 보내어 임의의 액션을 트리거(trigger)하는 것이 가능하다.

Notifies는 제1파라미터로 action을, 제2파라미터로 resource_type[resource_name]이라는 형태로 적혀 있다. resource_type에는 service와 template이라는 Resource의 종류, resource_name은 자신이 레시피 내에 정의한 Resource다. 예를 들어, service[nginx]나 template[nginx.conf]라는 형태가 된다.

여기에서는 Service에 통지를 보내어 설정을 다시 읽기(:reload 액션)를 하고 있지만, 통지를 받을 수 있는 곳은 Service만은 아니다.

```
notifies :run, "execute[test-nagios-config]"
```

위와 같이 Execute Resource가 실행되도록 할 수도 있다. 그렇지만 Notification을 가장 많이 사용하는 곳은 역시 서비스 활성화를 할 때다.

Notification 시점

그리고 기본적으로 Notification 실행은 지연된다. notifies 행이 실행된 시점으로 바로 통지 내용이 실행되지 않고 일단 큐에 쌓인다. Chef 전체 실행과 상관없이 마지막에 실행된다. 그래서 통지를 보내는 쪽은 순서에 상관없이 그냥 통지를 보내면 되는 그러한 구조로 되어 있다.

notifies의 제3파라미터에 :immediately를 넣으면 통지 시점을 바로 바꿀 수 있지만, 많이 사용하지는 않는다.

```
notifies :reload, 'service[nginx]', :immediately
```

Subscribe – Notification 역방향 통지

Notification은 어떤 Resourec에 '어떤 동작을 시키고 싶을 때' 이용하지만, 반대로 Resource가 어떤 동작을 한 경우 '이런 동작을 하고 싶다'라는 상황에서 이용하는 것이 Subscribe다. #8의 td-agent의 레시피도 사용하고 있다.

```
service "td-agent" do
  supports :status => true, :restart => true, :reload => true
  action [ :enable, :start ]
  subscribes :restart, "template[td-agent.conf]"
end
```

template Resource를 사용해 만들어진 td-agent.conf가 갱신되어지면 서비스를 restart하라고 되어 있다. Notification 예제에서는 Template 쪽에 notifies를 사용했지만, 여기서는 Service 쪽에 subscribes를 사용하고 있다. 구현되는 동작은 Notification과 완전히 같고 통지의 방향만 다를 뿐이다.

Notification과 Subscribe는 어느 쪽을 사용해도 된다. 그때그때 가독성이 좋은 쪽을 사용하면 된다.

#11

템플릿에서 설정 파일 배포

·

Template

다은은 Template에 관한 설명이다. 지금까지 많은 예제를 봤기 때문에 여기서는 대부분 복습하는 형식으로 설명하겠다. 설정 파일 등의 외부 파일을 Chef를 경유하여 배포하기 위한 Resourece가 Template이다.

또, Template은 이름 그대로 템플릿에서 Attribute(변수) 값을 템플릿 내에 배포하고 싶을 때 사용한다. Attribute를 일절 사용하지 않는다면, 템플릿 대신 정적인 파일을 다루기 위한 Cookbook File Resource를 사용하면 된다.

Template

/etc/nginx/nginx.conf에 저장된 설정 파일을 템플릿으로 처리할 때의 Template 구문은 아래와 같다.

```
template "nginx.conf" do
  path "/etc/nginx/nginx.conf"
  source "nginx.conf.erb"
  owner "root"
  group "root"
  mode 0644
end
```

템플릿은 templates/default/nginx.conf.erb가 사용된다. 위의 예제보다 조금 짧게 아래와 같이 쓸 수도 있다.

```
template "/etc/nginx/nginx.conf" do
  source "nginx.conf.erb"
  owner "root"
  group "root"
  mode 0644
end
```

또는 더 생략하여 원본 소스 파일의 경로를 쓰지 않을 수도 있다.

```
template "/etc/nginx/nginx.conf" do
  owner "root"
  group "root"
  mode 0644
end
```

이때는 Chef의 정책에 따라 templates/default/nginx.conf.erb가 자동으로 선택된다. 편한 방법을 선택하면 된다.

template으로 설정 파일을 갱신했을 때 서비스로 설정을 다시 읽어 들이기 위해서는 Notification을 사용한다. 아래와 같이 사용한다.

```
template "/etc/nginx/nginx.conf" do
  source "nginx.conf.erb"
  notifies :reload, 'service[nginx]'
end
```

템플릿 내에서는 Attribute를 사용할 수 있다

템플릿 erb 파일 내에서는 #3에서 본 것과 같이 <%= node[:attribute_name] %>라는 형태로 변수를 사용할 수 있어서 Attribute 값을 가질 수 있었다. 변수의 값은 JSON 파일 내에서 지정할 수 있었다.

```
{
    "nginx": {
        "port" : 80
    },
    "run_list":[
        "nginx"
    ]
}
```

위와 같이 정의된 [nginx][port]라는 포트 값은 템플릿에서는 다음과 같이 쓰면 사용할
수 있다.

```
<%= node['nginx']['port'] %>
```

여기에서는 이 태그가 "80"이라는 값으로 치환된다. 또한, #8에서 본 것과 같이
Attribute에서는 Ohai에 따라 수집된 여러 시스템 정보가 기본으로 설정되어 있었다.
그 값들도 같은 방법으로 node 변수로 사용할 수 있다.

```
<%= node[:platform] %>
```

그리고 JSON 파일에 정의하는 것과 같이 자신이 정의한 값은 node['nginx']['port']
와 키를 문자열로 지정하고, Ohai로 가지고 오기 위해서는 node[:plarform]과 키를
기호로 지정하는 것이 일반적이라고 한다.

테스트로, 템플릿에서 Ohai로 수집된 정보를 확인해 보자.

```
Platform: <%= node[:platform] %>
Ruby: <%= node[:languages][:ruby][:version] %>
IP Address: <%= node[:ipaddress] %>
```

이러한 erb 템플릿을 작성하고, 레시피 내에는 template Resourece로 아래와 같이 지
정한다.

```
template "/tmp/template_test.txt" do
  source "template_test.txt.erb"
  mode 0644
end
```

이것을 실행하면 호스트의 /tmp/template_test.txt에 다음과 같은 내용으로 파일이
생성된다.

```
Platform: centos
Ruby: 1.8.7
IP Address: 10.0.2.15
```

정확히 값을 가지고 온다.

템플릿은 기존의 모든 것을 가지고 오는 곳에서 시작

이와 같이 Template Resource를 사용하면 변수를 사용해 설정 파일을 배포할 수 있다.

레시피를 여러 대의 호스트에 정의할 때에는 특정 파일 내에 하드코딩된 호스트 종속 값, 예를 들어 IP 주소와 같은 값이 문제가 될 때가 있다. 이런 경우에는 템플릿 변수를 사용해 Attribute로 그 값을 치환하는 것으로 추상화하면 된다.

그러나 이런 완벽한 설정 파일을 하루 아침에 준비하라고 하면 아마 어려울 것이다. 기본적으로, Chef의 레시피를 쓰기 시작한 단계에서 설정 파일의 템플릿은 기존 파일을 사용하거나 패키지를 설치할 때의 기본 파일을 그대로 복사하여 사용하는 것이 정석이다. 이후에 각종 설정을 활용해 가면서 배포하기 쉬운 상태로 바꾸어 나가면 된다. 여기서도 역시 '레시피 업그레이드'라는 개념이 중요하다.

앞에서 "Attribute를 일절 사용하지 않는다면 Cookbook File Resource를 사용하면 된다."라고 설명했지만, 설정 파일은 레시피를 업그레이드해 가는 과정으로 '역시 Attribute를 사용하고 싶다'라는 의견이 많다. 그래서 자주 바뀌는 설정 파일, 예를 들어 nginx나 mysql 설정 파일, 쉘의 rc 파일 같은 것은 Attribute를 사용하지 않고 처음부터 Template으로 관리해도 좋을 것 같다.

#12

파일 및 디렉터리 조작

·

Cookbook File,
Directory

Cookbook File을 사용하면 쿡북에 들어 있는 파일을 임의의 경로로 전송하고 배치할 수 있다. #11에서 소개한 Template도 같은 동작을 하지만 Template은 변수를 사용할 때, Cookbook File은 정적 파일을 조작할 때로 용도를 구분하길 바란다.

또, 표준 Resource에는 "Cookbook File"이 아닌 "File"이라는 Resource도 있다. 이것은 Cookbook File과 같이 파일을 전송하지 않고 파일을 처음부터 생성할 때 사용하는 Resource다. 사용 빈도는 많지 않아서 이 책에서는 설명하지 않는다.

파일 조작이 가능하다면 디렉터리 또한 조작하고 싶어질 것이다. Directory를 사용하면 디렉터리의 삭제나 생성이 가능하다.

Cookbook File

Cookbook File의 사용 방법은 간단하며, cookbook_file을 사용하여 다음과 같이 쓰면 된다.

```
cookbook_file "/tmp/supervisor-3.0a12-2.el6.noarch.rpm" do
  mode 00644
end
```

이것으로 쿡북 디렉터리 안에 있는 files/default/supervisor-3.0a12-2.el6.noarch. rpm이라는 파일이 /tmp 아래에 전송된다. 전송하면서 파일명을 변경하고 싶을 때나 소스 파일명을 명시적으로 지정할 때는 아래와 같이 하고 source 옵션을 사용한다.

```
cookbook_file "/tmp/supervisor-3.0a12-2.el6.noarch.rpm" do
  source "supervisor-3.0a12-2.el6.noarch.rpm"
  mode 00644
end
```

그리고 owner, group, path 등의 옵션도 있다. 효과는 보는 그대로다. 자세한 내용은 문서를 확인하길 바란다.

파일을 전송할 때 파일이 손상되거나 수정된 파일을 전송해 버리는 위험을 줄이기 위해
체크섬(checksum)을 사용할 수 있다.

```
cookbook_file "/tmp/supervisor-3.0a12-2.el6.noarch.rpm" do
  source "supervisor-3.0a12-2.el6.noarch.rpm"
  mode 00644
  checksum "012f34db9e08f67e6060d7ab8d16c264b93cba82fb65b52090f0d342c406fbf7"
end
```

전송하려고 했던 파일의 체크섬이 맞지 않으면 실행 시에 에러가 발생한다. Chef의 파
일 체크섬은 전제 조건 SHA-256을 사용해야 한다. SHA-256 파일 체크섬은 shasum
명령어 등으로 생성하면 된다.

```
$ shasum -a 256 supervisor-3.0a12-2.el6.noarch.rpm
```

Directory

디렉터리를 조작하기 위해서는 Directory Resource로 #8의 td-agent 예제에서 나왔
던 것이다.

```
directory '/etc/td-agent/' do
  owner  'td-agent'
  group  'td-agent'
  mode   '0755'
  action :create
end
```

액션은 :create 또는 :delete다. Template이나 Cookbook File에서 다루어지는 파
일 저장소가 되는 디렉터리가 없을 때, Chef가 그 디렉터리를 만들어 주지는 않는다.
Direcotry를 이용해 사용할 디렉터리를 만들이야 한다.

패키지를 파일로 설치

rpm 패키지가 yum에 없을 때나 원본 rpm 패키지를 사용하고 싶을 때는 Cookbook File과 Package를 조합해서 설치 레시피를 생성할 수 있다. 사용 방법에 대해 설명해 보겠다.

```ruby
rpmfile = "supervisor-3.0a12-2.el6.noarch.rpm"

cookbook_file "/tmp/#{rpmfile}" do
  mode 00644
  checksum "012f34db9e08f67e6060d7ab8d16c264b93cba82fb65b52090f0d342c406fbf7"
end

package "supervisor" do
  action :install
  source "/tmp/#{rpmfile}"
end
```

이것뿐이다. 파일명을 두 번 쓰지 않게 ruby의 변수에 넣어 그 변수를 cookbook_file 과 package로 사용하고 있다.

rpm을 파일로 저장할 때는 경우에 따라서 rpm에 의존하고 있는 별도의 패키지가 필요할 수도 있다. 예를 들어, 위 예제에서 사용하고 있는 supervisor는 python-meld3나 python-setuptools에 의존하고 있다. 이 의존 모듈은 Chef가 해결해 주고, 예를 들어 Redhat 계열에서는 yum 리포지터리에서 다운로드하고 설치해 준다. 편리하지 않은가?

#13

사용자 생성

·

User, Group

사용자나 그룹의 관리는 각각 User와 Group Resource를 사용한다.

User

아래의 예제를 보자.

```
user "fiorung" do
  comment "fiorung"
  home "/home/fiorung"
  shell "/bin/bash"
  password nil
  supports :manage_home => true
end
```

모든 파라미터는 위 내용처럼 명시적으로 표현되어 있어서 설명은 따로 필요 없을 것이다. User가 할 수 있는 액션은 :create와 :remove, :modify, :manage 등이 있다. :modify와 :manage는 둘 다 기존 사용자를 수정하는 액션이지만, 사용자가 존재하지 않았을 때의 동작은 다르다. :modify는 예외의 경우로 에러가 발생한다. :manage는 아무 일도 발생하지 않는다.

supports :manage_home => true 부분만 설명하도록 하겠다. :manage_home => true로 하면, 사용자를 신규 생성했을 때 홈 디렉터리를 함께 생성하도록 지시하는 것이다. 또한, supports :non_unique => true는 '신규 사용자 생성 시 고유의 ID가 아니어도 할당한다'라는 지시다.

Group

Group도 쉽다. 신규로 xenoblade라는 그룹을 만들고, 맴버로 fiorung와 dunban이라는 사용자를 추가하려면 다음과 같이 작성하면 된다.

```
group "xenoblade" do
  gid 999
  members ['fiorung', 'dunban']
  action :create
end
```

기존 그룹에 사용자를 추가할 때는 다음과 같이 하면 된다.

```
group "xenoblade" do
  action :modify
  members [ 'shulk' ]
  append true
end
```

git 리포지터리에서 파일 불러오기

·

Git

어떤 소프트웨어를 설치할 때 대부분은 #9의 Package로 대응이 가능하지만, 경우에 따라서는 github 등으로 관리되고 있는 git 리포지터리에서 파일을 가지고 와서 사용하고 싶기도 할 것이다.

그때 사용하는 Resource는 Git이다.

Git을 사용할 때는 대상 노드에 git이 설치되어 있어야 한다는 것에 주의하자. 필요하면 git도 Package로 설치해 두면 된다.

Git

아래는 oh-my-zsh라는 zsh 설정 파일들을 github에서 불러와 설치하는 예제다.

```
git "/home/vagrant/.oh-my-zsh" do
  repository "git://github.com/robbyrussell/oh-my-zsh.git"
  reference "master"
  action :checkout
  user "fiorung"
  group "xenoblade"
end
```

위의 내용과 같이 동작하게 된다. /home/vagrant/.oh-my-zsh 디렉터리에 원격 git 리포지터리에서 불러온 파일이 저장된다.

여기서는 action에 :checkcout을 지정하고 있다. 이 경우는 git에서 파일을 체크아웃하는 것은 처음에만 필요하고 이후에는 원격 리포지터리에서 불러 오는 일은 없다. 말하자면, Package의 액션 :install과 비슷한 움직이다. 매번 필요에 따라 리포지터리를 갱신하고 싶을 때는 :sync를 지정한다.

user와 group은 불러온 파일의 소유자와 그룹을 지정하는 것이다.

git으로 불러오는 것이 끝이 아니라 그 후에 불러온 파일을 사용해 어떤 설치 작업을 하려고 할 때도 있다. 아래는 ruby-build를 설치하는 레시피다. 아직 설명하지 않은 리소스 Script의 bash를 사용하고 있지만, 예제를 보면 어떤 움직임을 하고 있는지 알 수 있을 것이다.

```
git "/tmp/ruby-build" do
  user node['user']['name']
  repository "git://github.com/sstephenson/ruby-build.git"
  reference "master"
  action :checkout
end

bash "install-rubybuild" do
  not_if 'which ruby-build'
  code <<-EOC
    cd /tmp/ruby-build
    ./install.sh
  EOC
end
```

git으로 불러온 ruby-build 설치 파일을 /tmp 아래에 저장한다. 그리고서 bash로 설치 파일을 가동한다. ruby-build가 벌써 설치되어 있을 것을 고려하여 not_if로 여러 번 실행되지 않도록 제한하고 있다.

#15

임의의
쉘 스크립트
실행

·

Execute, Script

해야 하는 어떤 작업이 다른 Resource를 사용해도 만들 수 없을 때 임의의 명령어나 스크립트를 실행할 수 있는 Execute나 Script를 사용하여 해결할 수 있다. Execute, Script에서는 리소스 내에 정의된 셸 스크립트 등의 스크립트를 root 권한으로 실행할 수 있어서 거의 모든 것이 구현 가능하다고 말할 수 있다.

그러나 Execute나 Script는 어떤 것이든 가능하지만, 대부분은 추상화가 이루어져 있지는 않다. 멱등성은 자신이 보증해 주어야 하며, 크로스 플랫폼 등의 범용성도 같다. package나 Git보다 추상화가 높은 Resource를 사용해야 한다면 그쪽을 사용해야 한다.

Execute, Script와 같이 임의의 명령어를 실행하는 Resource이지만, bash나 perl이나 ruby 등 지정한 인터프리터를 사용하고 싶다면 Script를 사용한다.

Script(bash)

여기에서는 Script Resource 중 하나인 bash를 사용해 perlbrew를 설치하는 레시피를 살펴볼 것이다.

Perlbrew를 설치하기 위해서는 레시피에 있는 것처럼 curl을 실행해야 한다.

```
% curl -kL http://install.perlbrew.pl | bash
```

이 셸 스크립트에 의해 설치 파일의 사용은 Package나 Git에서는 어려우므로 아래의 레시피를 작성하였다.

```
bash "install perlbrew" do
  user 'vagrant'
  group 'vagrant'
  cwd '/home/vagrant'
  environment "HOME" => '/home/vagrant'
  code <<-EOC
    curl -kL http://install.perlbrew.pl | bash
```

```
  EOC
  creates "/home/vagrant/perl5/perlbrew/bin/perlbrew"
end
```

스크립트는 특히 기본 root 권한(정확히 말하면, chef-solo를 실행한 사용자 권한)으로 동작하지만, user나 group으로 지정한 사용자로도 동작시킬 수 있다. perlbrew는 사용자의 홈 디렉터리에 저장되므로 위에서는 vagrant 사용자와 그룹을 지정하고 있다.

cwd는 현재 작업 디렉터리를, environment는 환경 변수를 각각 지정하는 옵션이다. perlbrew를 홈 디렉터리에 설치하기 위해 환경 변수 HOME이 설정되어 있어야 한다.

그리고 code에 지정된 스크립트가 실행된다. 여기서는 히어 도큐먼트(here document)로 스크립트를 정의하고 있다.

creates

이 bash를 사용한 레시피에서 보다 중요한 것이 creates 행이다. creates는 지정한 파일을 생성한다는 것을 나타내고, 또한 그 파일이 존재할 경우에는 파일을 생성하지 않는다는 것을 나타내고 있다.

Script 레시피는 멱등성을 보증하지 않는다면, 즉 위에서 말한 것처럼 아무런 설정을 하지 않는다면 Script 레시피는 매번 실행된다. 결국, 이때 perlbrew가 설치되어 있든 없든 몇 번이고 레시피가 실행된다는 것이다.

그래서 creates에 따라 실행을 막음으로써 벌써 '설정 상태'로 설정된 노드에 대해서는 아무런 조작을 하지 않는다. 결국, perlbrew가 설치되어 있다면 perlbrew를 다시 설치하지 않는다는 것을 나타내고 있는 것이다.

여기서는 perlbrew의 실행 파일이 '있는지/없는지'를 '설치되었다/설치되지 않았다'에 대한 판정에 사용하지만, 여기에서도 Script Resource를 사용할 때의 약점이 있다. 어떤 것이 '설치되었다/설치되지 않았다'의 판정에 대한 부분을 직접 작성해야 하기 때문에 특별한 방법을 사용해야 한다.

not_if, only_if

creates는 파일의 유무를 확인하고 명령어의 실행을 제어하지만, 보다 상세한 조건을 지정하고 싶을 때는 not_if나 only_if를 사용한다.

- not_if: 지정한 조건이 참이 아닐 때 명령어를 실행한다.
- only_if: 지정한 조건이 참일 때만 명령어를 실행한다.

예를 들어, creates와 같은 것을 다음과 같이 작성할 수 있다.

```
not_if { File.exists?("/home/vagrant/perl5/perlbrew/bin/perlbrew") }
```

이때 not_if에 부여한 값에 따라 조건의 판정 방법이 바뀐다.

- 문자열이 부여되었을 때: 부여된 명령어를 인터프리터(예: bash)로 실행하고 그 종료 상태로 판정
- Ruby의 쿡북이 부여되었을 때: 부여된 코드 블록을 ruby로 해석하여 그 진위 값으로 판정

예를 들어, #14에서 예로 들었던 ruby-build의 설치에서는 다음과 같이 ruby-build의 존재 유무를 which로 확인하고 제어하는 데 사용하고 있었다.

```
bash "install-rubybuild" do
  not_if 'which ruby-build'
  code <<-EOC
    cd /tmp/ruby-build
    ./install.sh
  EOC
end
```

또, not_if나 only_if에서는 그 조건의 판정 처리 실행에 사용되는 사용자와 cwd 또는 환경 변수를 지정할 수 있다.

```
not_if <<-EOC, :user => 'vagrant', :environment => { 'HOME' => '/home/vagrant' }
  ...
EOC
```

not_if, only_if는 Script Resource에 제한적인 요소가 아닌 다른 Resource에도 이용할 수 있다. 그러나 많이 사용되는 것이 Script Resource라는 것이다.

EC2 마이크로 인스턴스에 스왑 영역 생성 예

Script의 사용 방법 예를 좀 더 설명하겠다. AWS EC2의 마이크로 인스턴스는 가동 직후에는 스왑 영역이 설정되어 있지 않다. 마이크로 인스턴스를 사용하여 스왑 이미지를 만들고 그 이미지를 활성화하는 방법에 대해서 많은 사용자들이 궁금해할 것이다.

아래는 마이크로 인스턴스라면 스왑을 활성화한 상태로 만들고 싶을 때의 레시피다.

```
bash 'create swapfile' do
  code <<-EOC
    dd if=/dev/zero of=/swap.img bs=1M count=2048 &&
    chmod 600 /swap.img
    mkswap /swap.img
  EOC
  only_if { not node[:ec2].nil? and node[:ec2][:instance_type] == 't1.micro' }
  creates "/swap.img"
end

mount '/dev/null' do # swap file entry for fstab
  action :enable # cannot mount; only add to fstab
  device '/swap.img'
  fstype 'swap'
  only_if { not node[:ec2].nil? and node[:ec2][:instance_type] == 't1.micro' }
end

bash 'activate swap' do
  code 'swapon -ae'
```

```
  only_if "test `cat /proc/swaps | wc -l` -eq 1"
end
```

먼저, dd나 mkswap 명령어로 스왑 파일을 생성한다. Ohai는 노드가 EC2인지를 확인하고, 또 EC2 인스턴스 타입이 어떤 것일까도 수집해 준다. (정말 대단하다!) 그 값을 보고 마이크로 인스턴스라면 스왑 영역을 생성한다. 또, /swap.img가 있는지도 확인하고 제어 조건도 넣는다.

다음은 Mount Resource를 사용해 fstab의 설정을 수정한다. mount를 사용해서 action :enable하면 임의의 경로를 마운트하도록 fstab을 수정할 수 있다.

여기까지 끝나면 마지막에 swapon -ae로 스왑 파일을 마운트하고 활성화한다. 제어 조건은 좋은 방법이 생각나지 않아, 실제 스왑 항목을 조사해서 하나의 항목이 존재하면 스왑이 활성화되었다고 판단하는 것을 조건으로 하고 있다.

이와 같이 Script 태그를 사용하면 스왑 파일을 만들어 활성화하는 기능도 구현할 수 있지만, 여기까지 본 것과 같이 제어 조건을 잘 사용해야 하는 등 Execute, Script는 장점과 단점을 가지고 있다. 평소보다도 신중하게 레시피를 조정해야 한다.

그 외의
Resource

여기까지 Package와 Service라는 중요한 Resource에 대해 설명하였다. 이 책에서 설명하고 있지 않은 그 외의 Resource에 대해서는 공식 문서를 필요에 따라 참고하길 바란다. 여기서 설명하지 않았던 Resource에 대해서 그 코드를 문서에서 인용하면서 간단하게 개요만 설명하도록 한다. 또한, 윈도우즈용 Resource 등 일부는 생략되어 있다.

Cron

Cron은 crontab을 사용하기 위한 Resource다. Cron을 사용해 정기 패치 처리의 상태를 정의해 두면 Chef가 crontab을 원하는 설정 상태로 조정해 준다.

```
cron "name_of_cron_entry" do
  hour 8
  weekday 6
  mailto admin@opscode.com
  action :create
end
```

Deploy

Deploy는 git 등의 SCM(Supply Chain Managemnet)에서 배포하는 Resource다. 먼저 소개한 Git은 Deploy에 포함된 Resource 중 하나다.

File

앞의 #12에서 설명한 Cookbook File은 쿡북 내에 저장된 파일을 노드로 전송하는 것이지만, File은 노드 상의 파일을 직접 다루기 위해 사용된다.

```
file "/tmp/something" do
  owner "root"
  group "root"
  mode 00755
  action :create
end
```

content 옵션을 사용해 임의의 문자열을 파일 내에 추가할 수 있다.

http_request

노드를 조정할 때 그 노드에서 어떤 URL에 HTTP 요청을 보내고 싶을 때도 있을 것이다. 그때 사용하는 것이 http_request다.

```
http_request "please_delete_me" do
  url "http://www.opscode.com/some_page"
  action :get
end
```

Ifconfig

네트워크 인터페이스 상태를 조정하는 것이 ifconfig다. IP 주소를 설정할 때 사용된다.

```
ifconfig "192.186.0.1" do
  device "eth0"
end
```

Link

파일이나 디렉터리를 조정하는 Resource는 이미 설명했지만, 심볼릭 링크나 하드 링크 또한 사용할 수 있다.

```
link "/tmp/passwd" do
  to "/etc/passwd"
  link_type :hard
end
```

Mount

파일 시스템의 마운트를 관리하기 위해서 Mount를 사용한다. 실제로는 fstab 항목 등이 Mount Resource에 의해 조정된다.

```
mount "/mnt/volume1" do
  device "volume1"
  device_type :label
  fstype "xfs"
  options "rw"
end
```

Route

라우팅 테이블의 상태를 관리하기 위한 Resource는 Route다.

```
route "10.0.1.10/32" do
  gateway "10.0.0.20"
  device "eth1"
end
```

ruby_block

ruby_block은 임의의 Ruby 코드를 실행하기 위한 Resource다. 아래는 Chef의 설정 파일을 다시 읽어 들이기 위한 레시피 예다.

```
ruby_block "reload_client_config" do
  block do
    Chef::Config.from_file("/etc/chef/client.rb")
  end
  action :create
end
```

필자는 Ruby Block을 많이 사용하지 않아 어떻게 사용하는 것이 효과적인지 잘 모르겠다. 미안하다.

정리

여기까지 소개한 Resource를 조합하면 아마 구현하고 싶은 것은 대부분 레시피로 만들 수 있을 것이다. 물론, 서드파트 쿡북도 사용하고 자신이 Resource를 정의하여 확장할 수도 있다.

Chef의 설치부터 시작해서 Resource 대부분의 사용 방법에 대한 설명을 마쳤다. 아마 처음부터 읽은 독자들은 Chef가 어떤 툴로 어떻게 사용되는지를 머릿속에 넣었을 것으로 생각한다. Chef-Solo를 사용하는 규모라면 지금까지 설명한 내용을 활용하여 80%~90% 정도는 원하는 설정 작업을 할 수 있을 것으로 생각된다.

#17

몇 가지 레시피

·

run_list, 파일 분할,
include_recipe

지금까지 설명하지 않았던 몇 가지 레시피를 설명하도록 하겠다. JSON 파일(Node Object)의 run_list의 작성 방법과 레시피 파일 분할, 그리고 default.rb 이외의 레시피를 어떻게 작성하고 실행하는지, 그리고 다른 레시피 내용을 사용하는 include_recipe에 대해 설명하겠다.

run_list의 작성 방법

지금까지 예제에서 JSON 파일의 run_list는 아래와 같이 작성했었다.

```
{
    "run_list":[
        "nginx",
        "apache2"
    ]
}
```

이 내용에서는 다음이 실행된다.

- nginx 쿡북의 recipes/default.rb
- apache2 쿡북의 recipes/default.rb

아래와 같이 사용할 수도 있다.

```
{
    "run_list":[
        "nginx::default",
        "apache2",
        "apache2::mod_ssl",
    ]
}
```

이 경우는 다음이 각각 실행된다.

- nginx 쿡북의 recipes/default.rb

- apache2 쿡북의 recipes/default.rb
- apache2 쿡북의 recipes/mod_ssl.rb

run_list에 전달한 것이 레시피인 것을 명시하기 위해 다음과 같이 쓸 수 있다.

```
{
    "run_list":[
        "recipe[nginx::default]",
        "recipe[apache2]",
        "recipe[apache2::mod_ssl]",
    ]
}
```

'run_list에 레시피 이외의 것도 전달할 수 있을까?'라고 예리한 생각을 하는 분도 있을 것이다. 나중에 설명하겠지만, 적용하고 싶은 레시피를 그룹화하는 데 Role이라는 기능을 사용할 수 있고, run_list에는 Role을 전달할 수도 있다.

```
{
    "run_list":[
        "recipe[yum::epel]",
        "role[webserver]",
    ]
}
```

레시피의 파일 분할

run_list에는 apache::default로 default.rb 파일이, apache::mod_ssl로는 mod_ssl.rb 파일이 실행되도록 작성했다.

```
apache2/
    recipes/
        default.rb
        mod_ssl.rb
```

즉, 이와 같이 하나의 쿡북 내에 레시피 파일을 두 개 이상 준비할 수 있다.

그럼, 레시피 파일을 여러 개 준비하고 싶을 때는 어떤 경우일까? '이러한 규칙으로 파일을 하나하나 분할하지 않으면 안 된다'라는 명시적인 정책은 Chef에는 없는 것 같지만, 옵스코드 커뮤니티에서 배포하고 있는 쿡북을 보면 어느 정도 파악할 수 있을 것이다.

예를 들어, apache2는 default.rb에 Apache 자체의 설치와 구성에 대해 정의되어 있고, mod_ssl이나 mod_setenvif라는 확장 모듈에 대해서는 mod_ssl.rb나 mod_setenvif.rb에 정의되어 있다. 이와 같이 파일 분할이 되어 있다면, run_list를 작성하는 사용자는 'Apache 자체는 사용하고 싶지만 mod_ssl은 필요하지 않다'라는 Node Object를 정의할 수 있어 편리하다.

옵스코드 커뮤니티의 쿡북을 사용하거나 레시피를 보다 범용적으로 만들어 사용하고 싶다면 이러한 파일을 분할하여 준비할 필요가 있다.

include_recipe

어떤 레시피에서 다른 레시피 내용을 그대로 사용하고 싶을 때가 있을 것이다. 이럴 때는 include_recipe를 사용해 레시피 안에 다음과 같이 쓴다.

```
include_recipe "bulid-essential::default"
```

위 내용은 build-essential이라는 레시피를 사용한다는 의미다. 물론, build-essential 쿡북이 cookbook path의 디렉터리에 저장되어 있어야 한다.

일반적으로, 레시피를 만들고 include_recipe를 사용하고 싶은 경우가 많지는 않다고 생각하지만, 이 역시 서드파티 쿡북을 사용하거나 할 때 쿡북에 따라서는 include_recipe 사용을 전제로 할 때가 있다.

또한, include_recipe와 비슷한 개념으로 레시피 내에 다른 쿡북과의 의존 관계를 나타내는 dependency라는 구문도 있지만, Chef Solo에서는 사용하지 않는다.

#18

Resource를
사용자가
정의

·

Definition

레시피를 만들다 보면 자신이 Resource를 정의해서 사용하고 싶을 때가 생길 것이다. 물론, Chef는 그 방법을 제공하고 있다.

자신이 Resource를 정의하는 방법에는 몇 가지가 있지만, 그중 제일 간단한 방법이 Definition이라는 구조를 사용하는 것이다. 아래는 Definition으로 Resource 정의 방법을 설명한다.

Definition으로 cpanm의 Resourece를 정의

테스트했던 Perl의 CPAN 모듈을 cpanm을 사용해 설치하는 Resource를 만들어 보았다. cpanm은 Ruby의 gem과 같은 것이다.

레시피 안에 다음과 같이 쓰면,

```
cpanm 'Path::Tiny'
```

Path::Tiny라는 Perl 모듈이 설치되고,

```
cpanm 'Path::Tiny' do
  force true
end
```

위와 같이 작성하면 force 설치로 테스트에 실패해도 강제적으로 설치가 이루어진다는 Resource를 만들어 보자.

Definition을 사용해 Resource를 정의할 때 쿡북의 definition 디렉터리에 Ruby 코드를 저장한다. 다음은 definitions/cpanm.rb의 내용이다.

```
define :cpanm, :force => nil do
  bash "install-#{params[:name]}" do
    user node['user']['name']
```

```
    cwd node['user']['home']
    environment "HOME" => node['user']['home']

    if params[:force]
      code <<-EOC
        source ~/perl5/perlbrew/etc/bashrc
        cpanm --force #{params[:name]}
      EOC
    else
      code <<-EOC
        source ~/perl5/perlbrew/etc/bashrc
        cpanm #{params[:name]}
      EOC
    end

    not_if <<-EOC, :user => node['user']['name'], :environment => { 'HOME' =>
➡ node['user']['home'] }
        source ~/perl5/perlbrew/etc/bashrc && perl -m#{params[:name]} -e ''
      EOC
  end
end
```

DSL인 define 구문을 사용해 Resource :cpanm을 정의하고 있다. 실제 내부에서 이루어지는 것은 Script (bash) Resource를 사용해 cpanm 명령어를 실행하고 있다.

cpanm 'Path::Tiny'라고 썼을 때의 Path::Tiny라는 파라미터는 Definition에서는 params[:name]이라는 해시에 저장되어 전달된 것이다. 그 값을 사용해 Script Resource를 구성하고 있다. 그리고 not_if를 이용한 제어로 멱등성 또한 보증하고 있다.

이렇게 definitions 디렉터리 내에 아래와 같은 구문에 따라 자신이 정의한 Resource를 같은 쿡북 내에 이용할 수도 있다.

```
define :resource_name, :parameter => :argument do
  ...
end
```

보다 범용적인 레시피를 작성할 때 – LWRP

Definition을 사용해 Resource를 정의하는 것은 정말 간단하지만, 보다 범용적인 Resource, 특히 크로스 플랫폼이나 제삼자가 공개한 것을 사용하려면 Resource 정의에 필요한 각종 기능이 통합된 프레임워크인 Lightweight Resource and Providers (LWRP)를 사용할 것을 추천한다.

LWRP는 그 자체로 나름대로의 규모를 가진 프레임워크다. 이 책에서는 설명하지 않지만, 필요에 따라 문서를 참조하길 바란다.

#19

Attribute와
Data Bag

레시피나 템플릿 내에서 동적으로 사용하고 싶은 값은 Attribute를 사용하여 정의할 수 있었다. 그것은 node[:platform] 등으로 사용할 수 있는 값이었다.

여기까지 Attribute는 단순한 변수 같은 정도로밖에 설명하지 않았다. 하지만 보다 본질적인 면에서 본다면, 그것은 "Attribute(속성)"라는 이름대로 노드나 Resource의 속성에 대해 고정적으로 사용하지 않음을 뜻한다.

한편, 시스템에 추가해야 하는 사용자의 각종 데이터 등은 노드의 '속성'도 아니고 Resource의 '속성'도 아닌 데이터라고 볼 수 있다. 이런 도메인 모델적인 데이터는 Chef의 데이터 관리 구조인 Data Bag을 사용하는 것이 더 편하다.

여기에서는 Attribute의 부가적인 설명과 함께 Data Bag 사용 방법도 설명하겠다.

Attribute

예를 들어, Attribute는 템플릿 안에 <%= node['nginx']['port'] =>라고 쓰거나 레시피 안에서 node[:platform]으로 얻을 수 있었다.

node[:platform]은 Ohai가 수집한 그 노드의 속성이지만, JSON 파일의 Node Object를 통해 Attribute를 결정할 수도 있다.

```
{
    "nginx" : {
        "port" : 80
    },
    "run_list":[
        "yum::epel",
        "recipe[setup]"
    ]
}
```

위 내용은 지금까지 설명해 왔던 방법이지만, Attribute는 그 기본값을 미리 결정해 놓을 수 있다. 쿡북 내 디렉터리의 attributes 디렉터리에 default.rb라는 이름으로 파일

을 만들어 다음과 같이 정의하면,

```
default["apache"]["dir"] = "/etc/apache2"
default["apache"]["listen_ports"] = [ "80", "443" ]
```

템플릿이나 레시피에서 node["apache"]["dir"]이라고 기술하여 그 값을 가지고 올 수 있다.

Attribute는 다음의 몇 가지 방법으로 정의할 수 있다.

- 초깃값을 미리 쿡북 내에 정의해 둔다.
- Role별로 값을 정의해 둔다. (Role에 대해서는 뒤에서 설명한다.)
- JSON 파일로 노드별로 값을 정의해 둔다.

그러나 각각 같은 키를 사용하여 값을 정의한 경우, 우선순위는 attributes 디렉터리에 정의된 기본값보다 Role의 값이 높으며, 또 Role의 값보다 JSON 파일에 작성되어 있는 Node Object에 정의된 값이 높다.

이 우선순위를 잘 사용하여 평소에는 초깃값을 사용하고 특정 노드에만 다른 값으로 Attribute를 덮어쓰는 방법도 사용할 수 있다.

Attribute를 사용하는 곳

설명이 반복되지만, Attribute는 그 이름 그대로 '속성'이다. Chef는 '노드의 상태를 관리하고 조정하는 프레임워크'라는 설명이 있었다. 그리고 노드나 노드의 상태를 구성하는 요소 Package나 Service를 각각 '리소스'라고 볼 때, 그 각각의 리소스 속성에 해당하는 것이 Attribute(속성)다.

따라서 Attribute는 다음의 상태에서 리소스에 대한 성질, 즉 '속성'을 사용하는 데 필요한 기능이라고 할 수 있다.

- 노드(라는 리소스)의 속성인 IP 주소를 정의한다.

· 웹 서버(라는 리소스)의 속성인 **포트**를 정의한다.

Data Bag

한편, 보다 글로벌한 도메인 모델적인 데이터는 Data Bag을 사용하면 된다. Chef로 여러 대의 노드를 관리할 때 모든 노드에 여러 사용자를 추가하고 싶은 상황이 있을 것이다. 보다 Chef적으로 말하자면, 각 노드에 여러 사용자가 추가된 상태를 정의하고 싶은 상황에서 그 사용자의 데이터가 Data Bag으로 관리되어야 하는 데이터다. (LDAP나 Active Directory로 공유한 리소스를 공유하는 것을 떠올리면 될 것이다.)

Data Bag은 쿡북 단위가 아닌 리포지터리 전체를 커버하는 데이터다. 여기서는 시스템에 두 명의 사용자를 정의하는 예를 보자.

Data Bag으로 사용할 데이터는 <리포지터리>/data_bags 디렉터리에 저장한다. 여기서는 users라는 하위 디렉터리 안에 사용자 데이터 객체를 정의하는 JSON 파일을 생성한다.

```
tree data_bags
data_bags
└── users
    ├── dunban.json
    └── fiorung.json

1 directory, 2 files
```

각각의 데이터 객체는 다음과 같이 JSON으로 정의한다.

```
dunban.json
{
    "id" : "dunban",
    "username" : "dunban",
    "home" : "/home/dunban",
```

```
    "shell" : "/bin/bash"
}

// fiorung.json
{
    "id" : "fiorung",
    "username" : "fiorung",
    "home" : "/home/fiorung",
    "shell" : "/bin/bash"
}
```

이것으로 Data Bag으로의 데이터 저장이 끝났다. 이 데이터를 불러와 실제 사용자를
정의하는 레시피를 따로 만들자. 예를 들어, login_users라는 쿡북을 준비하여 그 레시
피에 다음과 같이 작성한다.

```
# login_users/recipes/default.rb
data_ids = data_bag('users')

data_ids.each do |id|
  u = data_bag_item('users', id)
  user u['username'] do
    home  u['home']
    shell u['shell']
  end
end
```

data_bag('users')로 data_bags/users 디렉터리에 저장된 사용자 데이터 객체의 id
리스트를 불러올 수 있다. data_bag_item('users', id)로 지정한 ID의 객체를 Data
Bag에서 가져올 수 있다.

이제, 평소처럼 User Resource를 사용해 그 사용자를 추가한다. 즉, 리소스의 상태를
정의하는 것이다.

이와 같이 Data Bag은 Chef를 데이터베이스와 같은 것으로 인식하여 거기에 데이터
를 등록하고 레시피에서 검색할 때 사용하는 기능이다.

또한, Data Bag에는 패스워드나 키 등 데이터를 암호화하고 저장하여 안전하게 사용하는 방법도 준비되어 있다. 그 기능을 Chef Solo로 사용하는 방법은 Chef Solo encrypted data bags(http://ed.victavision.co.uk/blog/post/4-8-2012-chef-solo-encrypted-data-bags) 등을 참조하길 바란다.

#20

노드를
역할별로
그루핑하여
관리

·

Role

Chef Solo로 관리하는 서버가 많아지면 Node Object를 정의하는 파일인 JSON 파일 수가 서버 수에 따라 늘어난다. Node Object에 정의한 run_list에는 실행할 레시피가 열거되어 있지만, 노드 수가 많아지면 관리가 힘들어진다. 예를 들어, 같은 레시피를 적용하는 5개의 노드가 있을 때 새로운 레시피를 추가해야 한다면 어떻게 할까? 레시피를 다섯 번이나 만든다는 것은 의미 있는 작업은 아닐 것이다.

그래서 run_list나 Attribute를 노드의 역할별로 그루핑하는 Role이 사용된다.

Role

Chef Solo의 경우에 Role은 roles 디렉터리에 Role별로 파일을 생성하고 그 안에 Role의 상태를 JSON 형식으로 기입한다.

예를 들어, 웹 서버용 노드의 Role을 roles/webserver.json에 만들어 보자.

```
{
  "name": "webserver",
  "default_attributes": {},
  "override_attributes": {},
  "json_class": "Chef::Role",
  "description": "",
  "chef_type": "role",
  "run_list": [
      "recipe[yum::epel]",
      "recipe[nginx]",
      "recipe[sysstat]"
  ]
}
```

run_list 부분에 주목하자. Role 내에 레시피가 열거되어 있다. 결국, webserver의 Role은 yum::epel, nginx, sysstat 레시피를 run_list로 설정하라고 정의한 것이다.

Role을 정의했다면 바로 사용할 수 있다. Node Object의 run_list에는 레시피뿐만 아니라 Role도 정의할 수 있다. 노드 melody의 Node Object인 JSON 파일 nodes/melody.json에 다음과 같이 쓴다.

```
{
    "run_list":[
        "role[webserver]"
    ]
}
```

그리고 knife solo cook melody를 실행하면 Role에 정의된 run_list가 노드 melody에 적용된다.

또한, Node Object의 run_list에는 레시피와 Role을 같이 사용할 수 있으며, Role을 여러 번 적용할 수도 있다.

```
{
    "run_list":[
        "recipe[mkswap]",
        "role[webserver]",
        "role[database]"
    ]
}
```

Role에 Attribute 정의

Role의 JSON 파일을 보면 알 수 있듯이, Role로 그루핑 가능한 것은 run_list만이 아니다. Attribute도 Role별로 정의할 수 있다.

```
default_attributes "apache2" => {
  "listen_ports" => [ "80", "443" ]
}
```

Role을 사용하면 여러 노드의 상태 관리가 논리적이고 깔끔하게 이루어진다. 적극적으로 사용하도록 하자.

#21

서드파티
쿡북을
Bundler처럼
관리

·

Berkshelf

#7에서 본 것과 같이 knife cookbook site 명령어로 옵스코드 커뮤니티에 공개되어 있는 쿡북을 원격에서 임포트할 수 있었다. 이 옵스코드 커뮤니티의 쿡북은 Ruby에서 말하는 gem과 같은 것이다. 그리고 gem과 같이 여러 쿡북을 사용하게 되면 관리가 어려워진다.

gem은 Bundler를 사용하여 이 문제를 해결할 수 있었다. 루비 개발자에게 Bundler는 필수 툴이 되고 있다.

Chef의 서드파티 쿡북을 Bundler와 같이 관리하고 싶을 때 사용하는 것이 Berkshelf (http://berkshelf.com/)라는 툴이다. Berkshelf는 rubygems로 공개되어 있다. 특히, Chef를 사용할 때 Berkshelf가 필수 툴은 아니지만, 알아두면 도움이 될 것 같아 간단히 설명하겠다.

Berkshelf의 사용법

Bundler에서는 gem을 Gamfile에 리스트 업하고, bundle 명령어로 한 번에 설치와 관리를 할 수 있다. Berkshelf의 경우도 마찬가지로, Berksfile에 쿡북을 리스트 업하고 berks 명령어로 한 번에 설치한다.

그럼, 직접 사용해 보자. 먼저, Chef의 리포지터리로 이동한다.

```
$ cd chef-repo
```

Berkshelf를 설치한다. Berkshelf를 Bundler로 설치해 보자.

```
# Gemfile
source :rubygems
gem 'berkshelf'
```

위와 같이 Gemfile을 만들고,

```
$ bundle --path vendor/bundle
```

위와 같이 작성하면 vendor/ 아래에 Berkshelf에 필요한 gem 모두가 저장된다. vendor 디렉터리는 .gitignore에 넣어두면 좋다.

Berkshelf의 준비가 끝났으니 Berksfile이라는 파일을 만들어 그 안에 사용할 쿡북 리스트를 리스트 업한다. (미리 옵스코드 커뮤니티의 키 설정이 필요한데, #7에서 설명한 방법 그대로다.) Berksfile의 문법은 Gemfile과 비슷하다.

```
# Berksfile
site :opscode
cookbook 'yum'
cookbook 'nginx'
```

이상으로 준비는 끝이다. 다음은 berks 명령어를 실행해 쿡북을 불러 오자. Bundler를 사용했기 때문에 bundle exec berks를 이용한다.

```
$ bundle exec berks --path cookbooks
Using yum (2.1.0)
Using nginx (1.3.0)
Using bluepill (2.2.0)
Using rsyslog (1.5.0)
Installing runit (0.16.2) from site: 'http://cookbooks.opscode.com/api/v1/cookbooks'
Using build-essential (1.3.4)
Using ohai (1.1.8)
```

--path로 지정한 쿡북 디렉터리 안에 필요한 쿡북이 전부 다운로드된다. yum과 nginx에 의존하는 쿡북도 같이 다운로드된 것을 알 수 있다.

다음은 Node Object과 Role, run_list에 recipe[yum]과 recipe[nginx]를 설정하고 쿡북을 사용하면 된다.

Berkshelf와 Vagrant의 연계

Berkshelf에는 Vagrant와 연계할 수 있는 기능이 있다. 이 기능을 사용하면 Berkshelf로 Vagrant의 초기화에서 Chef Solo의 실행까지를 한 번에 관리할 수 있다.

간단한 예제를 보자.

Berkshelf + Vagrant를 사용하여 Chef를 사용할 때는 Chef 리포지터리를 berks cookbook 명령어로 생성한다. (Berkshelf에서는 '리포지터리 = 쿡북 디렉터리 하나'라는 구성으로 디렉터리가 만들어져 있는 것 같다.)

```
% berks cookbook sandbox
      create  sandbox/files/default
      ...
      create  sandbox/Berksfile
      create  sandbox/chefignore
      create  sandbox/.gitignore
         run  git init from "./sandbox"
      create  sandbox/Gemfile
      create  sandbox/Vagrantfile
Using sandbox (0.1.0) at path: '/Users/naoya/work/sandbox'
```

보는 것과 같이 쿡북에 필요한 파일 이외에 Berksfile과 Vagrantfile이 생성된다. Gemfile에는 Vagrant의 gem 정의가 쓰여져 있다.

```
% cd sandbox
% bundle
```

위와 같이 gem을 설치한다. 그리고 Berksfile을 편집한다.

```
site :opscode

metadata
cookbook 'yum'
cookbook 'nginx'
```

다음은 Attribute와 run_list의 편집이지만, Node Object는 JSON 파일이 아닌 Vagrantfile 내에 작성한다.

```
config.vm.provision :chef_solo do |chef|
  chef.json = {
    :mysql => {
      :server_root_password => 'rootpass',
      :server_debian_password => 'debpass',
      :server_repl_password => 'replpass'
    }
  }

  chef.run_list = [
    "recipe[sandbox::default]",
    "recipe[yum::epel]",
    "recipe[yum::nginx]"
  ]
```

Vagrantfile 내에 위와 같은 내용이 있다. 여기에 Attribute와 run_list를 정의한다. Vagrant에는 Chef와 연계하는 기능이 원래부터 존재하여 Berkshelf가 그 기능을 잘 활용하고 있는 것이다.

이것으로 준비가 끝났다.

```
% bundle exec vagrant up
```

가상 서버의 가동과 동시에 Chef Solo가 실행되고, Berksfile에 쓰여 있는 쿡북이 원격에서 불려와 레시피가 적용된다.

서버 가동 후에 Chef를 다시 실행하고 싶을 때는 아래와 같이 실행한다.

```
% bundle exec vagrant provision
```

그러면 Vagrantfile에 쓰여진 Node Object 내용에 맞춰 Chef Solo가 실행된다.

정리

이상으로 Berkshelf에 관한 설명을 마쳤다.

- Berkshelf를 사용하면 옵스코드 커뮤니티의 쿡북을 Bundler와 같이 관리할 수 있다.
- Berkshelf의 Vagrant 연계 기능을 사용하여 Vagrant와 보다 더 조밀한 연계도 가능하다.

필자가 설명한 Vagrant 연계 부분에 대해서는 검토가 필요하겠지만, 모든 기능을 하나하나 사용할 때는 특별히 고민하지 않아도 될 것 같다. 옵스코드에서 쿡북이 많아지면 Berkshelf의 도입을 검토해 보길 바란다.

Chef Server란?

•

개요부터 설정까지

소규모 시스템이라면 Chef Solo만으로 관리할 수 있지만, 어느 정도 이상의 규모에서는 Chef Server의 도입도 검토해 봐야 한다. Chef Server를 검토하기 위해서는 Chef Server가 어떤 것인지 먼저 알아 둘 필요가 있다.

여기서는 Chef Server의 개요와 Vagrant의 멀티 VM 기능을 사용해 테스트 환경 구축법까지를 설명할 것이다.

Chef Server가 Chef Solo와 어떤 부분이 다른지 확인하도록 하자.

Chef Server의 아키텍처

Chef Solo는 관리 대상 서버에서 chef-solo 명령어를 사용하여 로컬에 있는 레시피를 실행하는 명령어라고 설명했다. knife-solo를 사용하면 원격에 있는 레시피 전송과 ssh를 경유한 명령어를 통해 로컬에서 원격 호스트를 직접 관리하는 것처럼 보였지만, 뒤에서는 역시 레시피가 노드의 로컬에 존재하여 그것을 chef-solo가 실행하는 구도는 바뀌지 않는다.

그러나 Chef Server를 도입했을 때는 Chef Server가 노드 리스트나 레시피, Role 등 Chef Solo에서 리포지터리에 저장했던 정보 등을 서버 쪽 데이터베이스를 사용하여 관리한다. 그리고 각 노드는 그 노드에 설치된 Chef Client를 통해 Chef Server에서 그 정보들을 불러오고, 필요하면 레시피를 실행하여 자기 자신의 상태를 변경한다.

Chef Server와 Chef Client는 HTTPS 통신으로 JSON을 통해 통신한다. 결국, Chef Server와 Chef Client의 통신은 JSON over HTTPS로 Chef Client → Chef Server로의 PULL 방식의 아키텍처로 되어 있다. Chef Server에 붙어 있는 Chef Client는 정기적으로 Chef Server에 요청을 보냄으로써 상태의 변경이 없는지를 감시하고, 자기 자신을 원하는 설정 상태로 유지하도록 동작한다.

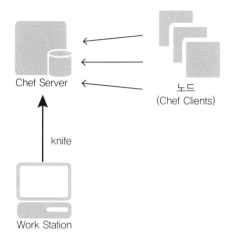

Chef Server

노드
(Chef Clients)

knife

Work Station

Chef Server에서는 Chef Client에서의 HTTP 요청을 받아들이기 위해 nginx와 Erlang으로 작성된 erchef라는 서비스가 시작된다. nginx는 Client에서 요청을 받으면 백엔드에서 대기 중인 erchef로 요청을 전송하는 Reverse Proxy의 역할을 하고 있는 것이다. 또한, Chef Server에서는 레시피나 run_list를 포함한 구성 관리를 위한 각종 정보를 저장하기 위해 데이터베이스 등의 미들웨어도 움직이고 있다.

시스템 관리자는 로컬 PC(Chef Server에서는 Work Station이라고 부른다)에서 knife 명령어로 Chef-Server에 정보를 보낸다. 예를 들어, 쿡북이나 Data Bag을 업로드한다거나 노드 리스트에 노드를 추가하거나 삭제하는 작업에 관련된 정보들은 Chef Server의 데이터베이스에 저장된다.

이와 같이 Chef Server의 데이터베이스에 저장된 정보를 Chef Client가 HTTPS로 불러오는 것이, 전체 아키텍처로 서버 쪽의 데이터베이스를 활용하는 만큼 Chef Solo에서 구현할 수 없었던 각종 기능이 제공되는 것이다.

특히, 중요한 것은 각종 인프라 정보의 검색성이다. Ohai가 수집하는 각종 노드의 정보를 중심으로 Chef Server에 등록된 모든 노드를 검색할 수 있다.

예를 들어, 이것을 응용하여 로드 밸런서와 Chef Server를 연계하여 시스템에 새로운 웹 서버용 노드가 추가되면, 로드 밸런서에 추가 또는 삭제에 대한 자동화가 가능해진다. 그 이외에도 하드웨어 정보나 역할을 기반으로 한 검색, 즉 '메모리가 4GB 이상의 노드 리스트가 필요하다'라든지, '데이터베이스의 마스터'라는 메타데이터의 검색이 가능하게 된다.

대규모 인프라 환경에서는 어떤 서버가, 어떤 역할로, 어떤 상태인지에 대한 정보를 관리하는 것만으로 힘든 작업이다. 따라서 서버 리스트를 검색하거나 관리하기 위해 웹 애플리케이션을 독자적으로 개발하기도 한다. 이런 서버 관리 툴의 데이터베이스를 Chef Server와 통합함으로써 Chef에서의 노드 상태 관리나 추가, 삭제에 맞춰 서버 관리 툴에서 받은 정보를 동적으로 변경할 수 있다. Chef Server는 이런 외부 툴과 연계하기 위한 API를 제공하고 있다.

노드 그룹에 배포해야 하는 필요한 각종 파일, 예를 들어 패키지 파일이나 tar 파일 등을 서버에 보관할 수 있고, 또는 브라우저에서 노드를 관리하는 UI가 제공되는 등의 기능도 Chef Server에서 제공하고 있다.

이와 같이 Chef Server에는 중간 규모 이상에서의 시스템 운용을 위한, Chef Solo에는 없는 각종 기능을 가지고 있다.

이 책에서는 설명하지 않지만, 옵스코드가 호스팅하는 Chef Server의 SaaS를 Chef Client 서버에 설정하여 완전한 Chef Server 운용을 아웃소싱할 수도 있다. 페이스북이 이 서비스를 사용하고 있는 것이다.

Chef Server 환경에서의 각종 조작 예제

Chef Server를 사용할 때 각 노드의 상태 관리는 기본적으로 Chef Server와의 통신을 통해 이루어진다고 앞에서 설명했었다. (Chef Solo에서는 knife 명령어를 리포지터리를 생성하는 정도로 사용했지만, Chef Server 환경에서는 knife가 Server나 각 노드를 관리하기 위한 중심적인 역할을 하고 있다.)

예를 들어, 시스템에 존재하는 노드 리스트를 보기 위해서는 knife client list로 서버 리스트를 요청한다.

```
$ knife client list
chef-validator
chef-webui
node01
node02
```

쿡북, 레시피는 로컬에서 작성하여 서버에 업로드하고 로컬이 아닌 서버에 저장한다.

```
$ knife cookbook upload -a -o ~/chef-repo/cookbooks
Uploading sample        [0.1.0]
Uploaded all cookbooks.

$ knife cookbook list
sample   0.1.0
```

출력은 [0.1.0]과 버전 태그가 붙어 있는 것에서 알 수 있듯이, 업로드한 코드는 버전별로 관리할 수 있다. 어떤 버전을 코드 freeze(프리즈)하여 degrade(디그레이드)를 막거나, 또는 긴급하게 과거 버전으로 복구할 때 사용할 수 있다.

run_list를 포함한 Node Object나 Role Object 역시 서버 쪽에서 관리된다. 예를 들어, 아래 예제는 node01이라는 이름을 가진 노드의 Node Object 내의 run_list에 레시피를 추가하는 예제다.

```
$ knife node run_list add node01 'recipe[sample]'
node01:
  run_list: recipe[sample]
```

이렇게 하여 Chef Server에 노드 리스트나 쿡북, Node Object 등을 등록하면, Chef Server가 시스템 상의 모든 리소스의 상태를 알고 있는 상태가 되는 것이다. 관리되는 대상인 각 노드에서 chef-client를 실행하면 Chef가 동작한다.

```
$ sudo chef-client
```

Chef Client는 Chef-Server에 요청이 이루어지고, 각종 데이터를 받아 그 데이터를 기반으로 Chef를 실행하여 자기 자신의 구성을 원하는 설정 상태로 조정한다.

Chef Clinet를 데몬화하게 되면 Chef Server를 정기적으로 폴링(polling)할 수 있다.

```
$ sudo chef-client -d
```

이것으로 관리자는 Chef Client에서 Chef 실행에 대해 신경 쓰지 않아도 Server의 조작만으로 시스템 전체를 갱신할 수 있다. 각 노드가 언제 Chef Client를 실행하고 업데이트되었는지는 knife status로 확인한다.

```
$ knife status
4 minutes ago, node02, node02, 10.0.2.15, centos 6.3.
4 minutes ago, node01, node01, 10.0.2.15, centos 6.3.
4 minutes ago, node03, node03, 10.0.2.15, centos 6.3.
```

Chef Server라면 상세하게 조건을 지정하여 노드를 검색할 수 있다고 했었다. knife search를 이용하면 된다.

```
# FQDN이 "node"로 시작하는 노드를 검색
$ knife search node "fqdn:node*"

# Platform이 CentOS인 노드를 검색
$ knife search node "platform:centos"

# CentOS이며 Ruby 1.8인 노드를 검색
knife search node "platform:centos AND languages_ruby_version:1.8*"
```

knife ssh 명령어를 사용하면 임의의 노드에 ssh로 명령어를 실행할 수 있지만, 노드 지정에는 knife search와 같은 쿼리를 사용할 수 있다.

```
knife ssh node "fqdn:node*" "uptime"
node03  06:35:22 up  1:47,  1 user,  load average: 0.00, 0.00, 0.00
```

```
node01  06:35:22 up  1:48,  1 user,  load average: 0.00, 0.00, 0.00
node02  06:35:22 up  1:47,  1 user,  load average: 0.00, 0.00, 0.00

# 각 노드에 chef-client를 실행
$ knife ssh "fqdn:node*" "sudo chef-client"

# 각 노드에서 chef-client를 demonize
$ knife ssh "fqdn:node*" "sudo chef-client -d" -x vagrant
```

이상은 Chef Server 기능의 일부다.

확실히 서버가 한두 대에서는 필요 없을 수 있는 기능이지만, 만약 수십 대, 수백 대라면 어떨까? 이런 기능들이 필요한 상황이 머릿속에 그려질 것이다.

Vagrant의 멀티 VM을 이용한 환경 구축

Chef Server를 직접 설정하여 검증하는 경우를 가정하여 테스트 환경의 구축법을 간단하게 설명하겠다.

Server를 검증할 때는 여러 대의 테스트용 호스트가 있다면 편리할 것이다. Vagrant로 한 대 한 대 호스트를 구축해도 되지만, 여기서는 Vagrant의 멀티 VM 기능을 사용하면 좋다. 하나의 Vagrantfile에서 여러 대의 가상 서버를 구축할 수 있다.

```
Vagrant::Config.run do |config|
  config.vm.define :chef_server do |cfg|
    cfg.vm.box = "base"
    cfg.vm.network :hostonly, "192.168.30.10"
    cfg.vm.host_name = "chef_server"
  end

  config.vm.define :workstation do |cfg|
    cfg.vm.box = "base"
    cfg.vm.network :hostonly, "192.168.30.20"
```

```
    cfg.vm.host_name = "workstation"
  end

  config.vm.define :node01 do |cfg|
    cfg.vm.box = "base"
    cfg.vm.network :hostonly, "192.168.30.21"
    cfg.vm.host_name = "node01"
  end

  config.vm.define :node02 do |cfg|
    cfg.vm.box = "base"
    cfg.vm.network :hostonly, "192.168.30.22"
    cfg.vm.host_name = "node02"
  end

  config.vm.define :node03 do |cfg|
    cfg.vm.box = "base"
    cfg.vm.network :hostonly, "192.168.30.23"
    cfg.vm.host_name = "node03"
  end
end
```

Vagrantfile에 위와 같이 여러 대의 서버에 대한 설정을 하고,

```
$ vagrant up
```

위와 같이 작성하면 모든 가상 서버가 순차적으로 가동된다. 물론, 지정한 IP 주소로 호스트 간의 통신은 가능하다. 종료는 알고 있듯이 vagrant halt로 전 서버를 정지한다.

여기에서는 예제로 다섯 대의 호스트를 생성하고 있다. Chef Server와 Chef Server에 knife로 명령어를 실행하는 작업용 호스트 Work Station, 그리고 테스트용 노드 세 대다. 로그인 후에 호스트를 알아보기 쉽게 하기 위해 Vagrantfile 내에 호스트명 설정도 하고 있다. 가동 상태는 vagrant status로 확인할 수 있다.

```
$ vagrant status
Current VM states:

chef_server              running
workstation              running
node01                   running
node02                   running
node03                   running
```

ssh는 vagrant ssh 명령어 파라미터에 VM명을 부여한다.

```
$ vagrant ssh chef_server
$ vagrant ssh node01
```

ssh-config의 경우도 같다.

```
$ vagrant ssh-config chef_server >> ~/.ssh/config
$ vagrant ssh-config node01 >> ~/.ssh/config
```

Vagrant + CentOS 6.3을 사용할 때는 환경 구축 중 에러가 발생하지 않도록 호스트의 iptables를 다시 한 번 stop으로 해둔다. (앞에서도 설명했지만, 서비스 환경에서는 이렇게 하면 안 된다.) 필자는 아래와 같이 하였다.

```
$ sudo /etc/init.d/iptables stop
```

Chef Server 설치

이 책의 집필 당시에는 Chef의 버전은 11이었다. 이전 버전과는 도입 방법이 여러 가지로 변경되었으니 그 점에 주의하길 바란다.

Chef Server 설치는 Opscode Omnibus Packaging을 사용하는 것이 편하다. http://www.opscode.com/chef/install/에서 Chef Server용 각종 패키지를 제공하고 있으니 다운로드하여 사용하면 된다.

참고로, Chef Client와 Chef Server의 설치 방법이 다르기 때문에 주의하길 바란다.

CentOS의 경우는 rpm 패키지를 다운로드하여 설치하는 방식이다.

```
$ sudo rpm -Uvh chef-server-11.0.6-1.el6.x86_64.rpm
```

패키지 설치가 완료되면 chef-server-ctl로 Chef Server를 설정한다.

```
$ sudo chef-server-ctl reconfigure
```

이것으로 Server가 가동되고 nginx가 HTTPS 443 포트를 사용하게 된다. (이 chef-server-ctl reconfigure는 Chef Server에 필요한 각종 미들웨어를 구성하지만, 이런 구성 또한 Chef를 사용하고 있다는 것이 흥미롭다.)

또한, Chef Server를 사용하기 위해서는 FQDN을 할당하고 그 이름을 사용한다. 따라서 Vagrant로 VM을 가동하고 /etc/hosts를 설정해야 한다. 또는 /etc/chef-server/chef-server.rb에 아래와 같이 설정하고 chef-server-ctl reconfigure를 다시 실행한다.

```
# /etc/chef-server/chef-server.rb
# 서버의 IP는 192.168.20.20로 설정
server_name = "192.168.20.20"
api_fqdn server_name

nginx['url'] = "https://#{server_name}"
nginx['server_name'] = server_name
lb['fqdn'] = server_name
bookshelf['vip'] = server_name
```

Chef의 각종 파일은 /ops 디렉터리 아래에 설치된다.

knife 설정

다음은 knife configure로 knife를 설정한다.

여기서 "Chef Client"에 대해서도 조금 상세하게 설명하겠다. Chef에 있어서 "Client"라는 것은 노드에 한정되어 있지 않고 Chef의 API와 통신할 수 있는 모든 단말을 의미하는 단어다. 그런 맥락에서 말한다면, knife도 Chef Client 중 하나인 것이다. 그리고 Chef Server는 자신의 API와 통신할 수 있는 단말을 디지털 서명으로 식별한다.

임의의 Chef Client가 처음으로 Chef Server와 통신할 때 디지털 서명은 없다. 그래서 처음에만 chef-validator라는 Client의 등록 작업만을 전문으로 하는 Client에서

인증서를 빌려 Chef Client의 등록 작업을 수행한다. 이 등록 작업이 끝나면 Client 쪽에서 생성된 디지털 서명에 의해 통신이 이루어지게 된다.

rpm 패키지로 Chef Server를 설치하면 /etc/chef-server 하위에는 다음이 설치된다.

- chef-validator.pem: chef-validator용의 디지털 서명 파일
- admin.pem: 관리용 Client 디지털 서명 파일(이 Client 서명만 chef-validator를 거치지 않고 미리 생성된다)

knife configure에서는 knife에 이 디지털 서명들의 경로를 정확하게 설정해야 한다.

knife는 먼저 서버와 동일한 호스트의 knife를 동작하게 하고, 그 다음에 Work Station용 Client 디지털 서명을 생성하고, 마지막으로 Work Station에 전송하는 순서로 설정된다.

먼저, /etc/chef-server 아래의 pem 파일을 홈 디렉터리로 옮긴다.

```
$ sudo cp /etc/chef-server/chef-validator.pem ~/.chef/validation.pem
$ sudo cp /etc/chef-server/admin.pem ~/.chef/
$ sudo chown -R vagrant:vagrant ~/.chef/*.pem
```

다음은 knife configure를 실행하고 초기화한다. 그리고 이 책 집필 시점의 knife는 아직 chef 11을 지원하지 않아 각종 설정 항목을 기본으로 사용하면 잘 동작하지 않았다. 서버 URL, 각종 비밀키 경로를 환경에 맞춰 수정한다.

```
$ knife configure
Where should I put the config file? [/home/vagrant/.chef/knife.rb]
Please enter the chef server URL: [http://chef_server:4000]
➥ https://192.168.30.10
Please enter an existing username or clientname for the API: [vagrant] admin
Please enter the validation clientname: [chef-validator]
Please enter the location of the validation key: [/etc/chef/validation.pem] ~/
➥ .chef/validation.pem
Please enter the path to a chef repository (or leave blank):
```

여기서는 다음을 설정했다.

- server URL: https://192.168.30.10
- clientname: admin
- validation key: /etc/chef-server/chef-validator.pem

이것으로 이 knife는 Client의 인증서인 ~/.chef/admin.pem를 사용해 통신하게 된다. 테스트를 해보자.

```
$ knife client list
chef-validator
chef-webui
```

Work Station 설정

knife를 서버에 로그인하지 않으면 사용할 수 없다. 그래서 관리용 작업 환경을 위해 Work Station에서도 knife를 사용할 수 있게 설정하도록 하자.

새로운 Chef Client를 설정할 때는 먼저 디지털 서명의 생성과 Server에 Client의 등록이 필요하다. 이것도 knife로 이루어지게 된다. 서버에 설정한 knife를 사용하도록 한다.

knife client create를 실행하면 에디터로 메타데이터 편집이 필요하여 EDITOR 환경변수를 설정해 둔다. knife client create 옵션 -a는 관리 권한을 가진 클라이언트의 생성, -f는 서명 파일의 저장소다. Vagrant를 사용하고 있는 경우에 가상 서버의 /vagrant는 공유 디렉터리로 마운트(mount)되어 있어서 다른 가상 서버로 파일을 전송하기가 편리하다. 그 디렉터리에 출력되도록 한다.

```
$ export EDITOR=vi
$ knife client create workstation -a -f /vagrant/workstation.pem
```

Work Station의 knife에도 validation.pem을 저장해 두면 나중에 편리하다. 그것도 복사해 둔다.

```
$ cp ~/.chef/validation.pem /vagrant
```

여기서부터는 Work Station 쪽의 작업이다. 먼저, Work Station에 Chef Solo에서도 사용한 Opscode Omnibus Packaging 설치 스크립트를 사용하여 Chef를 설치한다.

```
$ vagrant ssh workstation
$ curl -L https://www.opscode.com/chef/install.sh | sudo bash
$ chef-client -v
Chef: 11.4.0
```

그리고 서버에서 한 작업과 같이 knife를 설정한다.

```
$ mkdir ~/.chef
$ cp /vagrant/workstation.pem ~/.chef
$ cp /vagrant/validation.pem ~/.chef
$ knife configure
WARNING: No knife configuration file found
Where should I put the config file? [/home/vagrant/.chef/knife.rb]
Please enter the chef server URL: [http://workstation:4000]
➥ https://192.168.30.10
Please enter an existing username or clientname for the API: [vagrant]
➥ workstation
Please enter the validation clientname: [chef-validator]
Please enter the location of the validation key: [/etc/chef/validation.pem] ~/
➥ .chef/validation.pem
Please enter the path to a chef repository (or leave blank):
```

Server URL 및 방금 생성하고 복사한 키의 경로를 지정한다.

정상적으로 설정되었다면 knife client list로 리스트가 출력되고 새로운 Client로 workstation이 등록될 것이다.

```
$ knife client list
chef-validator
chef-webui
workstation
```

Chef Client 설치

Chef Server와 Work Station 설정이 끝나면 다음은 Client다. 관리 대상 노드 쪽을
Chef Client로 설정한다. Client 쪽 Chef 설치도 Opscode Omnibus Packaging 설
치 스크립트를 사용하면 된다.

```
$ curl -L https://www.opscode.com/chef/install.sh | sudo bash
$ chef-client -v
Chef: 11.4.0
```

다음은 이 Client가 방금 가동된 Chef Server의 노드로 등록 가능하도록 chef-
validator의 키를 복사하여 저장한다. 서버의 /etc/chef-server/chef-validator.
pem을 노드의 /etc/chef/validation.pem에 저장한다. Work Station 설정에서 복사
한 validation.pem을 사용해도 된다.

```
$ mkdir -p /etc/chef
$ sudo cp /vagrant/validation.pem /etc/chef/validation.pem
```

이것으로 준비는 끝났다.

노드에서 chef-client를 실행하고 이 노드를 서버에 등록한다. -server로 서버 URL
를 지정하고, -N으로 노드명을 지정한다. (이 옵션을 생략하려면 /etc/chef/client.rb를 설
정하면 된다. 자세한 내용은 공식 문서를 확인하길 바란다.)

```
$ sudo chef-client --server https://192.168.20.20 -N node01
```

그리고 첫 Client 실행 타이밍에 /etc/chef/client.pem에 이 클라이언트의 디지털 서명이 생성되고, 이후 통신은 (validation.pem이 아닌) 이 키가 사용된다.

Chef Server에 노드가 등록되었는지 Work Station의 knife로 확인한다.

```
# Work Staion에서
$ knife client list
chef-validator
chef-webui
node01
workstation
```

레시피 실행

설명이 길어졌지만, 이상으로 Chef Server와 Work Station, 그리고 노드의 설정과 Server에 등록 작업이 완료되었다. (이런 작업이 이전 버전에 비해 정말 편해졌다.)

테스트용 레시피를 실행하자. Template 리소스에서 설명한 Ohai를 불러오는 템플릿을 배포하는 예제를 테스트해 보자. Work Station 상에 쿡북을 작성하고, Server에 업로드하고, Client 쪽에 레시피를 적용한다.

```
# 쿡북 생성
$ knife cookbook create sample -o ~/chef-repo/cookbooks

# 레시피 생성
$ vi ~/chef-repo/cookbooks/sample/recipes/default.rb
template "/tmp/chef-sample.txt" do
  mode 0644
end
```

```
# 템플릿 생성
$ vi ~/chef-repo/cookbooks/sample/templates/default/chef-sample.txt.erb
Platform: <%= node[:platform] %>
Ruby: <%= node[:languages][:ruby][:version] %>
IP Address: <%= node[:ipaddress] %>

#  쿡북 업로드
$ knife cookbook upload -a -o ~/chef-repo/cookbooks
Uploading sample       [0.1.0]
Uploaded all cookbooks.

# Node Object의 run_list에 레시피 추가
$ knife node run_list add node01 'recipe[sample]'
node01:
  run_list: recipe[sample]

# Node Object를 에디터로 편지할 경우
$ knife node edit node01
```

이것으로 서버에서 필요한 정보 등록은 끝났다. 노드 쪽에서 chef-client를 실행하고 파일 내용을 확인한다.

```
$ sudo chef-client --server https://192.168.20.20 -N node01
$ cat /tmp/chef-sample.txt
Platform: centos
Ruby: 1.8.7
IP Address: 10.0.2.15
```

문제없이 설정된 것을 확인할 수 있다.

knife bootstrap을 이용한 노드 설정

Chef Solo에서는 knife solo prepare로 노드를 간단하게 설정할 수 있었지만, Chef Server에서는 많이 번거롭다고 느낀 독자들도 많을 것이다. Chef Server는 그 성격상 설정이 다소 복잡해지는 것은 어쩔 수 없지만(그래도 많이 간단해진 것이다), 노드는 knife bootstrap 명령어를 사용하여 간단하게 설정할 수 있다.

```
# Work Station이라면
$ knife bootstrap 192.168.30.21 -x vagrant --sudo -N node01
```

이것만으로 새롭게 가동한 호스트(아직 Chef밖에 설치되지 않은 호스트 포함)가 Chef Ready가 되고 Chef Server에 등록된다.

knife bootstrap은 다음까지를 한 번에 실행해 준다.

- Chef 설치
- /etc/chef 디렉터리 생성
- chef-validator용 키 복사와 설치
- chef-client의 설정 파일인 client.rb의 설치
- chef-client를 실행하고 Chef Server에 등록

방금 전과 같이 귀찮은 작업이 없다. knife bootstrap을 사용하면 client.rb의 수정까지 해주기 때문에 chef-client 실행 시에 --server나 -N과 같은 옵션은 필요하지 않다. 가능하면 knife bootstrap으로 설정을 테스트해 보기를 추천한다.

그리고 Vagrant로 구축한 가상 서버를 knife bootstrap으로 설정할 때는 다음의 작업이 필요하다.

- 대상 서버로 ssh 로그인할 수 있도록 호스트 OS의 ~/.vagrant/insecure_private_key를 Work Station의 ~/.ssh/id_rsa에 복사해 둔다.
- 가상 서버에 이미 들어가 있는 이전 버전의 Chef가 설정을 방해하기 때문에 다른 곳으로 옮겨 둔다. /usr/bin 아래의 chef-* 파일을 어딘가에 mv(이동)시켜 두면 된다.
- Work Station의 /etc/hosts에 각 노드의 IP 주소를 등록해 둔다.

마지막은 knife ssh가 호스트로의 통신을 FQDN으로 이루어지도록 하기 위한 작업이다.

```
# /etc/hosts
...
192.168.30.21 node01
192.168.30.22 node02
192.168.30.23 node03
```

정리

이상으로 Chef Server의 개요와 테스트 환경 설정 방법을 설명하였다.

Chef Server의 서버 쪽 API를 중심으로 한 관리 구성은 정말 강력하다. 특히, 그 검색 기능은 자동화는 물론 관리 비용 부담도 많이 줄여 주었다.

설정은 많이 간단해졌지만, Chef Solo와 비교하면 그래도 손이 많이 간다. 소규모 환경에서 사용하기에는 부담이 될 수도 있다. 그래서 이 책에서는 Chef의 사용 방법을 습득하기 위해 Chef Solo부터 시작하려고 했던 이유도 이런 부분 때문이다.

관리하고 있는 서버 규모와 비교해 Chef Server를 사용하는 쪽이 장점이 많다면 꼭 Server의 도입도 검토하길 바란다.

어디까지를 Chef로 할 것인가?

이 책도 이제 막바지에 다다랐다. 마지막으로, 실제 Chef를 사용할 때 어디서부터 어디까지를 Chef 또는 Chef Solo로 관리해야 할지에 대해 필자의 생각을 써 보려고 한다.

서버 관리는 가능한 한 Chef로 한다

Chef로 서버를 관리할 때는 가능하면 모든 작업을 Chef로 하자. 예외를 두어 ssh로 로그인하여 직접 패키지를 설치한다거나 하는 작업을 하지 않도록 한다.

왜냐하면, 몇 번이고 언급한 것과 같이 Chef는 '서버의 상태를 관리하고 그 노드를 설정 상태로 유지해 주는 프레임워크'이기 때문이다. 노드의 상태를 관리하기 위해서는 그 노드에 관한 모든 상태가 레시피에 쓰여져 있어야 한다. 예외적으로, 로컬에서 구성 변경을 하게 되면 레시피에 쓰여져 있지 않은 상태가 대상 노드에 적용되기 때문이다.

물론, 레시피 실행 시에 문제가 생겨 조정을 한다거나 ssh 로그인하여 로그를 확인하거나 한다. 그러나 그 작업들은 어디까지나 조정을 위한 작업이지 구성 변경을 위한 로그인은 아니다.

모든 작업을 Chef로 구성 및 관리하고자 할 때 자신이 만든 레시피가 아직 많지 않은 상황에서는 무엇을 하려고 해도 시간이 걸릴 것이다. 그러나 레시피를 만들어 가다 보면 레시피를 만들고 수정하여 구성 변경하는 것이 더 효율적이고 더 편하게 느껴질 때가 올 것이다.

서버별로 리포지터리를 만들어야 하는가? 아니다

모든 서버를 Chef로 관리할 때 서버의 역할별로 구성은 전혀 다르다. 즉, 웹 서버, 애플리케이션 서버, 데이터베이스, 배치 처리용 서버 등마다 구성을 달리 해야 한다.

Chef의 리포지터리는 역할별로 생성하여 관리해야 하는 것일까? 아니다. 거기에는 Role을 사용하자. 리포지터리는 하나만 만들고 가능하다면 쿡북을 다른 용도로 사용하는 형태로 만들어 두고, Role 내의 run_list와 Attribute를 조합하여 각각의 역할별로 상태를 정의하도록 한다.

또한, 대상 시스템의 서비스가 다를 경우에도 예외는 아니다. 예를 들어, 같은 기업에서 블로그 서비스와 EC 서비스를 제공하는 경우에 그 리포지터리를 같이 사용해야 하는지, 아니면 구분하여 사용해야 하는지는 각각의 서비스 시스템이 어느 정도까지 통합되어 있는지에 달렸다. 독립성이 높다면 Chef의 리포지터리도 독립적으로 사용해야 하고, 그렇지 않은 경우는 Role을 이용하여 잘 관리할 수 있을 것으로 생각된다.

복수 노드에 대한 Chef Solo 실행

Chef Solo로 여러 대의 서버를 관리하려고 하면 knife-solo 실행을 여러 호스트에서 실행할 필요가 있다. 그럴 때는 #5에서도 설명했듯이, 다음처럼 쉘 상에서 여러 호스트를 합쳐 배치로 실행하면 된다.

```
$ echo user@node1 user@node2 user@node3 | xargs -n 1 knife solo cook
```

또한, knife-solo를 사용하지 않고 배포 툴로 원격 호스트의 chef-solo를 실행하는 방법도 있다. 그 방법은 Ruby의 capistrano라는 툴과 연계하여 사용하는 방법이다. capistrano는 원래 레일즈(Rails) 애플리케이션 배포 툴이지만, 로컬 PC에서 여러 호스트로 ssh를 사용해 임의의 명령어를 실행할 수 있는 툴이므로 이런 목적으로도 사용할 수 있다.

Chef Solo와 Chef Server

이와 같이 쉘이나 어떤 배포 툴 + Chef Solo를 사용하면 Chef Server 없이도 여러 노드를 관리할 수 있다.

그러나 할 수는 있지만 대상 서버의 규모가 클 때는 Chef Server의 도입을 검토하는 것이 좋을 것이다.

Chef Server를 사용할 때는 Chef Client를 설치한 각 노드가 Chef Server에 등록된 데이터를 가져오도록 PULL 방식의 아키텍처를 사용하고 있다. 관리자에 의한 구성 변경은 기본 knife 명령어로 Chef Server에 통지/등록하는 형태가 되는 것이다. 각 노드에 설치된 Chef Client는 정기 실행 모드로 서버의 상태를 정기적으로 감시할 수 있다. 따라서 Client는 Chef Server의 상태를 보고 자기 자신의 상태를 변경해야 한다고 판단되면, Chef를 실행시켜 자신의 상태를 변경시킨다. 확장성을 가진 아키텍처이며, 무엇보다 시스템 전체가 Chef의 사상인 '시스템을 변경 상태로 조정한다'라는 것과 연계되기 때문에 좋은 구조를 가지고 있는 것 같다.

예를 들어, Chef Server에는 노드 리스트의 취득 및 관리, 레시피 리스트나 run_list의 관리, Data Bag의 등록과 검색, 쿡북의 버전 관리 등 Chef Solo에는 없는 서버의 기능이나 중요한 역할을 가지고 있다. 단순히 Chef Solo를 여러 대의 노드로 배포했다는 것 이상의 가치가 Chef Server에는 있는 것이다.

배포 툴과의 차별성

노드의 상태에 관련된 모든 것을 Chef로 관리하라고 했지만, 애플리케이션 배포까지를 Chef로 할 것인지는 많은 고민이 필요한 문제다. 여기서 말하는 애플리케이션은 nginx나 MySQL과 같은 패키지화된 소프트웨어가 아닌, 자신이 만든 레일즈(Rails) 애플리케이션과 같은 코드를 말하는 것이다.

Chef의 리소스에는 Deploy라는 리소스가 존재하는데, 그것을 사용하게 되면 애플리케이션 배포도 Chef로 할 수 있다고 한다. 이를 이용하여 배포하는 방법도 있을 것이다.

그러나 애플리케이션 배포에는 보다 상세한 제어, 또는 긴급 상황에서의 롤백 기능과 같은 고유의 요구조건이 있는 경우가 많다. 그 부분들에 대해서는 역시 그 환경에 특화된 툴인 capistrano나 Cinnamon 등을 사용하는 것이 좋을 것이다.

필자는 현재 후자의 방법을 이용한다. 다시 말해, 애플리케이션 영역은 Cinnamon으로 직접 배포하고 그 이외의 부분은 Chef로 관리하고 있다.

어떤 것을 사용해야 한다고 주장하기 앞서서 관리 대상 시스템이 어떤 방법에 적합할지를 정확하고 냉정하게 판단하여 선택하는 것이 최선일 것이다.

필자가 Chef를 사용하기 시작한 이유

필자는 현재 많은 웹 서비스를 개인적으로 운용하고 있고, 그 모든 서버의 상태 관리를 Chef를 사용하고 있다. 대상 시스템은 모두 소규모라서 현재 Chef Solo만으로 관리하고 있다.

그러나 서비스를 시작한 후 잠시 동안은 Chef를 사용하지 않았다. 서버를 Chef 대신에 모두 AWS로 운용했었다. AWS에는 인스턴스의 스냅샷을 원하는 시점에 저장할 수 있는 기능이 있어서 그 기능을 사용하면 서버 상태를 백업하고 간단하게 복제할 수 있다. 예를 들어, 서버를 늘리려고 할 때 스냅샷을 생성하고 그 스냅샷에서 별도의 인스턴스를 생성하면 되고, 서버의 설정 변경 전에 백업을 하고 싶을 때도 이 스냅샷을 사용하면 된다.

이 스냅샷 기능을 시작하여 AWS의 각종 서비스를 사용하면 그렇지 않은 경우에 비해 운용이 정말 편해진다. 그것만으로도 충분히 편해졌기 때문에 그 이상의 자동화는 필요 없다고 생각했었다.

그러나 많은 스냅샷을 관리할 때 어느 스냅샷이 어떤 상태를 가지고 있는지 관리하기가 힘들어졌다. 또한, 인스턴스를 복제하고 교체할 때에는 스냅샷을 저장한 시점에서 현재까지의 구성 변경에 대한 부분을 수동으로 적용해야 했고, 그렇게 하기 위해서는 어떤 구성 변경이 있었는지 기억하거나 메모를 해둬야 했었다. 경우에 따라서는 구성 변경 내용을 잃어버려 신규로 생성한 인스턴스가 일부 정상적인 기능을 하지 못할 때도 있었다.

결국, 점점 스냅샷만으로는 구성 관리가 힘들어져서 Chef를 도입하기로 하였다. 처음에는 Chef를 '단순한 자동화 구축 툴'이라고 생각했었지만, 계속 사용하다 보니 Chef는 역시 '노드 상태를 관리하기 위한 프레임워크'임을 알 수 있었다. 스냅샷 지옥에서 헤매고 있었던 필자에게 최고의 해결 방법이 된 것이다. 모든 상태는 코드에 적혀 있어 기억할 필요도 없으며, 이력은 git으로 버전 관리가 되고 있다. 인스턴스를 가동하고 제일 먼저 레시피를 적용해 둔다면 생각한 상태가 노드에 적용된다. 이런 좋은 방법은 없을 것이다.

그 이후로 노드를 구성하고 있는 모든 리소스를 Chef로 관리하게 되었고, 신규 서비스를 시작할 때에도 모두 Chef를 적용하게 되었다.

어땠는가?

필자는 과거에 1,000대 이상 규모의 서버 관리 경험이 있다. 그 작업은 재미도 있었지만, 동시에 정말 귀찮고 힘든 일이었다. 처음 Chef를 접하면서 '당시에 Chef가 있었다면 그렇게 고생하지 않았을 텐데'라고 느꼈고, 많은 엔지니어에게 이 툴을 알리고 싶어졌다.

Chef는 2년 전부터 고급 사용자 사이에서 회자되었었다. 그러다가 2012년 중반부터 더욱더 화제가 되더니, 클라우드(IaaS/PaaS)가 본격적으로 보급되면서 Chef와 같은 프레임워크에 더욱 주목하는 것 같다.

2013년 2월에 Engine Yard 사무실에서 Chef 세미나가 있었는데, Engine Yard 의 @yando 님으로부터 발표를 하나 맡아줬으면 좋겠다는 제안을 받고, Vagrant와 knife-solo에 대해 간단한 발표를 하였다. 거기서 Chef 사용자들과 여러 이야기를 나누던 중 Chef의 실행 방법과 같은 시작 부분을 많이 어려워하는 것을 알게 되었다. 그래서 여기저기에 흩어져 있는 Chef 정보를 정리하여 공유할 필요가 있다고 생각했다.

그래서 Chef를 정리하여 공유하기 위해 Chef Solo 책을 쓰게 되었다. 독자 여러분이 이 책을 계기로 Chef에 관심을 가지게 된다면 정말 기쁠 것이다.

마지막으로, 어려운 부탁이지만 만약 이 책을 읽고 무언가 느꼈다면 인터넷 서점 리뷰나 블로그에 그 내용을 적어 주셨으면 좋겠다.

찾아보기